César Chávez

CONSEJO EDITORIAL

César Chávez

Consuelo Rodríguez
Traducción por
Dolores y Gerard Koch

CHELSEA HOUSE PUBLISHERS
NEW YORK ■ PHILADELPHIA

CHELSEA HOUSE PUBLISHERS

Director editorial: Richard Rennert
Editor gerente ejecutivo: Karyn Gullen Browne
Jefe de redacción: Robin James
Jefe de fotografías: Adrian G. Allen
Director de arte y diseño: Robert Mitchell
Director de fabricación: Gerald Levine

HISPANOS NOTABLES
Editor Jefe: Philip Koslow
Equipo para CÉSAR CHÁVEZ
Editor de pruebas: Joseph Roman
Assistente de redacción: Annie McDonnell
Diseño: Lydia Rivera
Investigación fotográfica: Wendy Wills
Portada: Steven Parton

Primera edición

1   3   5   7   9   8   6   4   2

Library of Congress Cataloging-in-Publication Data
Rodriguez, Consuelo.
[Cesar Chavez. Spanish]
Cesar Chavez/Consuelo Rodriguez; traducción por Dolores Koch.
p. cm.—(Hispanos notables)
Includes bibliographical references and index.
ISBN 0-7910-3102-0

1. Chavez, Cesar, 1927– —Juvenile literature. 2. United Farm Workers—History—Juvenile literature. 3. Trade unions—Migrant agricultural laborers—United States—Officials and employees—Biography—Juvenile literature. 4. Mexican Americans—Biography—Juvenile literature. [1. Chavez, Cesar, 1927– . 2. Labor leaders. 3. United Farm Workers—History. 4. Mexican Americans—Biography. 5. Migrant labor. 6. Spanish language materials.] I. Title. II. Series.
                        94-15621
            HD6509.C48R6418 1994
                        CIP
            331.88'13'092—dc20
                        AC
                        [B]

CONTENIDO

CÉSAR CHÁVEZ
Líder obrero mexicanoamericano

ROBERTO CLEMENTE
Jugador puertorriqueño de béisbol

PLÁCIDO DOMINGO
Cantante español

JUAN GONZÁLEZ
Jugador puertorriqueño de béisbol

GLORIA ESTEFAN
Cantante cubanoamericana

FRIDA KAHLO
Pintora mexicana

PABLO PICASSO
Artista español

DIEGO RIVERA
Pintor mexicano

JUNÍPERO SERRA
Misionero y explorador español

PANCHO VILLA
Revolucionario mexicano

CHELSEA HOUSE PUBLISHERS

HISPANOS NOTABLES

Rodolfo Cardona

El idioma español y muchos elementos de las culturas hispánicas son parte integral de la cultura actual de los Estados Unidos como igualmente lo fueron desde los comienzos de esta nación. Algunos de estos elementos provienen directamente de la Península Ibérica; otros, indirectamente, de México, del Caribe, y de los países de la América Central y la América del Sur.

La influencia de las culturas hispánicas en los Estados Unidos ha sido tan sutil que muchas personas no han percibido la profundidad de su impacto. La mayoría reconoce la influencia de la cultura española en los Estados Unidos, pero muchas personas no han llegado a darse cabal cuenta de la gran importancia y larga historia de esa influencia. Eso se debe en parte a que en los Estados Unidos se tiende a juzgar la influencia hispánica sólo en términos estadísticos, en lugar de observar detalladamente el impacto individual que algunos hispanos han tenido en esta cultura.

Por lo tanto, resulta lógico que en los Estados Unidos se adquiera algo más que un conocimiento superficial de los orígenes de estos elementos culturales hispánicos y de que se llegue a comprender mejor cómo estos elementos han llegado a formar parte integral de la sociedad estadounidense.

Existe abundante documentación que prueba que los navegantes españoles fueron los primeros en explorar y colonizar territorios que hoy se conocen con el nombre de los Estados Unidos de América. Es por esta razón que los estudiantes de geografía descubren nombres españoles por todo el mapa de los Estados Unidos. Por ejemplo, al Estrecho de Juan de Fuca se le dió ese nombre en honor al explorador español que primero navegó por el Pacífico en las costas del noroeste. Muchos de los nombres de los estados son de origen español, tales como Arizona (zona árida), Montana (montaña), la Florida (llamado así porque el día en que los exploradores españoles llegaron por primera vez a ese territorio fue un domingo de Pascua Florida), y California (nombre de un país ficticio en una de las primeras y famosas novelas españolas de caballeros andantes, el *Amadís de Gaula*), así como muchos de los nombres, también de origen español, de montañas, ríos, desfiladeros, pueblos y ciudades de los Estados Unidos.

Aparte de los exploradores, muchas otros personajes en la historia de España han contribuido a definir la cultura de los Estados Unidos. Por ejemplo, Alfonso X, también llamado Alfonso el Sabio y rey de España durante el siglo XIII, tal vez sea desconocido para la mayoría de los estadounidenses, pero su labor de codificación de las leyes de España ha tenido gran influencia en la evolución de las leyes de los Estados Unidos, particularmente en las juridicciones del suroeste del país. Por esta razón hay una estatua de este rey en Washington, D.C., en la rotonda de la capital. También el nombre de Diego Rivera tal vez sea desconocido para la mayoría de los estadounidenses, pero puede verse la influencia de este pintor mexicano en las obras comisionadas durante la Gran Depresión y la era del Nuevo Trato de los años treinta que hoy adornan las paredes de los edificios del gobierno en todos los Estados Unidos. En años recientes, la contribución de puertorriqueños, mexicanos, mexicanoamericanos (chicanos) y cubanos en ciudades como Boston, Chicago, Los Angeles, Miami, Minneapolis, Nueva York y San Antonio, ha sido enorme.

La importancia del idioma español en este gran complejo cultural es incalculable. Hay que tener en cuenta que, después del inglés, el español es el idioma occidental que más se habla, tanto dentro de los Estados Unidos como en el resto del mundo. La popularidad del idioma español en el territorio de los Estados Unidos tiene una larga historia.

Aparte de los exploradores españoles del Nuevo Mundo, la gran tradición literaria de España contribuyó a traer el idioma y la cultura española a este continente. El interés por la literatura española en lo que hoy son los Estados Unidos comenzó cuando los inmigrantes ingleses trajeron consigo traducciones de las obras maestras españolas de la Edad de Oro. Ya en el año 1683, en bibliotecas privadas en Filadelfia y Boston existían copias de la primera novela picaresca, *Lazarillo de Tormes;* traducciones de *Los Sueños* de Francisco de Quevedo; y copias de la épica inmortal, fantástica y realista a la vez, *Don Quijote de la Mancha,* del gran escritor español Miguel de Cervantes. Es muy posible que Cotton Mather, el puritano por excelencia, haya leído *Don Quijote* en la versión original española, aunque fuese con objeto de aumentar su vocabulario para escribir *La fe del cristiano en 24 artículos de la Institución de Cristo, enviada a los españoles para que abran sus ojos,* publicado en Boston en 1699.

A través de los años los escritores españoles han tenido gran influencia en la literatura de los Estados Unidos, en novelistas tales como Washington Irving, John Steinbeck, Ernest Hemingway, y hasta en poetas como Henry Wadsworth Longfellow y Archibald MacLeish. La tradición literaria española ha dejado su marca en escritores norteamericanos de renombre como James Fenimore Cooper, Edgar Allan Poe, Walt Whitman, Mark Twain y Herman Melville. En algunos escritores como Willa Cather y Maxwell Anderson, que exploraron temas hispánicos a los que estuvieron expuestos en la región suroeste de los Estados Unidos y México, la influencia fue menos directa pero no menos profunda.

Otras personas menos conocidas pero amantes de la cultura hispánica, tales como maestros, impresores, historiadores y negociantes entre otros, hicieron también importantes contribuciones a la difusión de esta cultura en los Estados Unidos. Entre estas contribuciones, una de las más notables es la de Abiel Smith, quien legó un número de acciones por valor de $20,000 a la Universidad de Harvard, de donde se había graduado en 1764, para la creación y mantenimiento de una cátedra de francés y español. Hacia el año 1819 esa donación ya estaba produciendo lo suficiente para cubrir los gastos de un profesor. El filólogo y humanista George Ticknor fue el primero en ocupar la cátedra Abiel Smith, que fue la primera cátedra dotada de la Universidad de Harvard. Otras personas ilustres que han ocupado esa cátedra son los poetas Henry Wadsworth Longfellow y James Russell Lowell.

Ticknor, profesor y hombre de letras de gran renombre, era también un ávido coleccionista de libros españoles, y así contribuyó de manera muy special al conocimiento de la cultura española en los Estados Unidos. Fue responsable de reunir una de las primeras y más importantes colecciones de libros españoles para las bibliotecas de Harvard. Tenía además una valiosa colección privada de libros y manuscritos españoles, los que luego donó a la Biblioteca Pública de Boston.

Con la creación de la cátedra Abiel Smith, cursos de español y de literatura española formaron parte del programa de estudios de Harvard. Harvard también llegó a convertirse en la primera universidad de los Estados Unidos en ofrecer estudios avanzados en lenguas romances. Paulatinamente otros colegios y universidades en los Estados Unidos siguieron el ejemplo de Harvard, y hoy en día se puede estudiar el idioma español y la cultura hispánica en la mayoría de las universidades de los Estados Unidos.

Cualquier discusión por breve que sea sobre la influencia española en los Estados Unidos no estaría completa sin mencionar la influencia hispánica en las artes plásticas. Pintores del calibre de John Singer Sargent, James A. Whistler, Thomas Eakins y Mary Cassatt exploraron temas españoles y experimentaron con técnicas españolas. Hoy en día, prácticamente todos los pintores serios de los Estados Unidos han estudiado las obras maestras clásicas de España al igual que las de los grandes pintores españoles del siglo XX: Salvador Dalí, Juan Miró y Pablo Picasso.

Sin embargo, probablemente ha sido la música latina la que ha ejercido más influencia en los Estados Unidos. Dos ejemplos obvios los tenemos en composiciones como *West Side Story,* de Leonard Bernstein, la latinización del *Romeo y Julieta* de Shakespeare en un barrio puertorriqueño de Neuva York; y *Salón México,* de Aaron Copeland. En general, la influencia de los ritmos latinos—del tango al mambo, de la guaracha a la salsa—se perciben en prácticamente cualquier forma de música en los Estados Unidos.

Esta serie de biografías que Chelsea House ha publicado bajo el título general HISPANOS NOTABLES, representa un reconocimiento más de la contribución de las culturas hispánicas no sólo en los Estados Unidos sino en todo el mundo civilizado, así como también un renovado esfuerzo por difundir entre la juventud de los Estados Unidos el alcance de esta contribución. Los hombres y las mujeres a quienes se dedican los volúmenes de esta serie han tenido gran éxito en sus respectivos campos y han dejado una marca indeleble en la sociedad estadounidense.

El título de esta serie debe considerarse de la forma más amplia posible. Por *hispanos* deben de entenderse españoles, hispanoamericanos, y personas de otros países cuyo idioma y cultura tienen origen español, ya sea directa o indirectamente. Los nombres de muchas de las personas incluidas en esta serie son muy conocidos; otros lo son menos. Sin embargo, todos se han distinguido en sus patrias respectivas y, en muchos casos, su fama es internacional.

La serie HISPANOS NOTABLES se refiere a los éxitos y a las luchas de hispanos en los Estados Unidos y trata de personas cuya vidas privadas o profesionales reflejan la experiencia hispánica en un sentido más general. Estas historias ejemplifican lo que el ser humano puede lograr frente a grandes dificultades, haciendo enormes sacrificios personales, cuando tienen convicción y determinación.

Fray Junípero Serra, el misionero franciscano español del siglo XVIII, es uno de esos personajes. A pesar de no haber gozado de buena salud, dedicó los últimos quince años de su vida a fundar misiones en California, por aquella época un territorio vasto pero poco habitado, a fin de lograr una vida mejor para los americanos nativos, enseñándoles artesanías y la cría de animales domésticos a los habitantes nativos. Un ejemplo de los tiempos actuales es César Chávez, líder obrero mexicanoamericano que ha luchado contra una oposición enconada, haciendo toda clase de sacrificios personales para ayudar a obreros del sector agrícola que han sido explotados por décadas en las plantaciones del suroeste del país.

Los hombres y mujeres de estas historias han tenido que dedicar gran esfuerzo y mucho trabajo para desarrollar sus talentos innatos y hacerlos florecer. Muchos han disfrutado en vida del éxito en sus labores, otros han muerto pobres y olvidados. Algunos llegaron a su meta sólo después de muchos años de esfuerzo, otros han disfrutado del éxito desde temprano, y para algunos la lucha no ha terminado. Todos ellos, sin embargo, han dejado su marca, y debemos reconocer sus éxitos en el presente así como en el futuro.

César Chávez

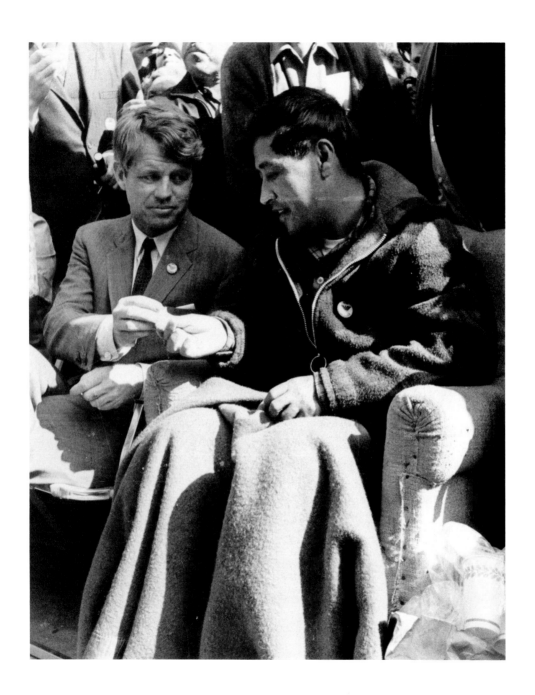

CAPÍTULO
UNO

"ASÍ QUE DEJÉ DE COMER"

El senador Robert F. Kennedy comparte pan con César Chávez el 10 de marzo de 1968, durante una misa para celebrar el fin de los 25 días de ayuno de Chávez. Chávez dejó de comer para demostrar la naturaleza espiritual y no-violenta de la huelga de los trabajadores agrícolas contra los productores de la uva en California.

El 10 de marzo de 1968, 4,000 personas se congregaron en uno de los parques del condado en Delano, California. En su mayoría eran trabajadores agrícolas: mexicano-americanos, mexicanos, puertorriqueños, filipinos, negros, y blancos del sur. Desde el año 1965 habían estado en huelga contra los productores de la uva de California. Pero no habían venido al parque para asistir a una reunión de su sindicato, el Comité Organizador de los Trabajadores Agrícolas Unidos (COTAU), sino a oír misa. En el centro del parque se había construido un altar provisional en la plataforma de un camión de remolque plano, y un sacerdote católico estaba preparándose para dar la Sagrada Comunión. También habían venido rabinos y ministros protestantes para participar en el acto.

El centro de atracción era un hombre pequeño, cubierto con una chaqueta de tipo esquimal con capucha. Estaba sentado en una silla al frente del altar con su esposa e hijos. Aunque sólo tenía 41 años, dos asistentes tuvieron que ayudarlo para llegar al asiento. Sus partidarios, viéndolo tan débil y del-

Dos trabajadores agrícolas ayudan a Chávez, debilitado por el ayuno, a llegar a su asiento para la misa del 10 de marzo. Durante el ayuno Chávez bajó de peso de 175 a sólo 140 libras y sus partidiarios temían por su vida. Chávez, sin embargo, mantuvo que sus sufrimientos físicos le ayudaron a concentrar la mente en valores espirituales.

gado, estaban sumamente preocupados por su vida. El hombre era César Chávez, líder del sindicato de los trabajadores agrícolas, quien no había probado bocado en 25 días.

¿Por qué Chávez había puesto voluntariamente su vida en peligro de muerte? ¿Porqué había rechazado todo alimento tan resueltamente, mientras que su peso bajaba de 175 a 140 libras? Aún algunos de sus colaboradores más inmediatos estaban confusos y preocupados. Se preguntaban si Chávez estaba tratando de llamar la atención o de convertirse en mártir. Otros que compartían los objetivos políticos de Chávez, pero no su fe religiosa, estaban consternados por los elementos místicos de su ayuno y por la presencia del clero. Los productores de la uva, enfrascados en una amarga batalla con el COTAU, no creían que el ayuno de Chávez era otra cosa que una maniobra política con el fin de ganarse la simpatía del pueblo de los Estados Unidos. Pero los que de veras conocían a

Chávez, los que habían colaborado con él desde el principio en la creación del sindicato, sabían que todo lo que hacía tenía un solo propósito: mejorar las condiciones de vida de los trabajadores de la agricultura en los Estados Unidos.

Los trabajadores agrícolas habían comenzado la huelga en 1965, negándose a trabajar en los viñedos de los productores de uva de California. Aunque los trabajadores agrícolas se habían ido a la huelga en otras ocasiones, estas huelgas raras veces tenían éxito. Los productores, con políticos locales y policía de su parte, casi siempre habían logrado derrotar a los huelguistas. Chávez, hijo de trabajadores migratorios, de sobra lo sabía. Estaba totalmente dedicado a la filosofía de la actuación sin violencia que los activistas negros de derechos civiles habían usado con éxito en el sur. Como líder de los trabajadores agrícolas, Chávez estaba decidido a emplear estas tácticas contra los productores de la uva. No veía otra manera de ganar la huelga. "Con violencia," le dijo al escritor Peter Matthiessen, "hace rato hubiéramos logrado contratos, pero no serían duraderos porque no nos hubiéramos ganado el respeto de nadie."

Chávez hacía hincapié en su fe en el activismo sin violencia en muchas de sus reuniones sindicales, pero tal vez nunca se expresó con más elocuencia que en una carta al American Farm Bureau Federation (Departamento Federal de Cultivadores de los Estados Unidos), una asociación de agricultores. "Si la creación de nuestro sindicato requiere el sacrificio de una vida, la de un agricultor o su hijo, o la de un trabajador agrícola o su hijo, entonces preferiría que no se creara tal sindicato. . . . Odiamos el sistema de la agricultura como negocio que trata de mantenernos esclavizados, y lo vamos a vencer y cambiar, no con represalias ni con el derramamiento de sangre sino por medio de una lucha decidida y no violenta, llevada a cabo por aquellas masas de trabajadores agrícolas que quieran ser libres y vivir como personas."

Los resultados del enfoque de Chávez fueron dramáticos. Los piquetes en los campos, el boycoteo nacional de las uvas de California, y el uso habilidoso de los medios de comunicación en masa, le ganaron a los trabajadores agrícolas la simpatía del país, presionando a algunos agricultores importantes a firmar contratos con el sindicato. Pero los agricultores eran un grupo tenaz que nunca había cedido a un sindicato. Se defendieron con amenazas, violencia, órdenes judiciales y maniobras tales como el uso de distintos rótulos en sus cajas para evitar el boycoteo. Las presiones al sindicato aumentaron y a Chávez le costó cada vez más trabajo contener a aquellos de sus miembros que querían destruir la propiedad de los agricultores o apalear a los rompehuelgas. Cuando empezó la violencia, se dió cuenta de que le tenía que poner fin. Según explicó Chávez al periodista Jacques

Chávez llevó a cabo su ayuno desde una cama de hospital en su modesto lugar de trabajo en las oficinas principales del sindicato en Delano, California. Unas 10,000 personas visitaron a Chávez durante su ayuno. El aprovechó la oportunidad para hablar de la lucha de los trabajadores a grícolas y para lograr apoyo para el sindicato.

Levy algunos años después, "me pareció que tenía que
detener el progreso del Movimiento, de hacer algo
que obligara a todos, a ellos y a mí, a considerar el
problema de la violencia y nosotros. Teníamos que
detenerlo el tiempo suficiente para ver qué era lo que
estábamos haciendo. Así que dejé de comer."

Chávez dejó de comer el 14 de febrero y anunció
su decisión a los miembros del sindicato cuatro días
después. Acto seguido se dirigió a las oficinas principales del sindicato y permaneció allí durante su ayuno.
Pasó la mayor parte del tiempo en cama, para no gastar
energía. Por otra parte, se ocupó de los negocios del
sindicato como de costumbre. Todas las noches se
celebró una misa en el terreno fuera del edificio, para
llamar atención al elemento religioso y de penitencia
del ayuno de Chávez. Para Chávez la celebración de la
misa también servió como medio para organizar.
Muchos viajaban 70 u 80 millas para verlo, tal vez
hasta 10,000 en total durante los 25 días. Chávez
aprovechó la oportunidad para explicar lo que estaba
haciendo, para recalcar la importancia de la lucha de
los trabajadores agrícolas por la justicia y de la necesidad de actuar sin violencia.

Chávez sufrió mucho en los primeros días de su
ayuno. "Al principio tuve pesadillas con la comida
como tema," recordó. "Soñaba que comía pollo o
vegetales sabrosos. Entonces me despertaba y me daba
cuenta que no había comido nada. . . . Después
vinieron los dolores por el hambre, los dolores de
cabeza, la limpieza interior." Pero Chávez no vaciló y
sus esfuerzos tuvieron los resultados deseados. Todo el
país sabía lo que él estaba haciendo y por qué. Miembros del sindicato llegaron a las oficinas jurándole a
Chávez que nunca emplearían la violencia con tal de
que empezara a comer.

Finalmente, el 10 de marzo, a instancias de su
médico, Chávez terminó su ayuno. Se preparó, en el
camión de remolque, a recibir pan del reverendo C.

Wayne Hartmire, uno de los muchos miembros del clero que apoyaban la causa de los trabajadores agrícolas. Fue un momento emocionante para los trabajadores, intensificado por la presencia del senador Robert F. Kennedy, de Nueva York. Frente a las cámaras de televisión Kennedy le dió un pedazo de pan a Chávez. Después, ofreció este simple mensaje: "El mundo tiene que saber que los derechos del trabajador agrícola migratorio, el mexicano-americano, están siendo reconocidos."

Después de Kennedy, Paul Schrade, del sindicato de Trabajadores Unidos del Automóvil, le presentó a los trabajadores agrícolas un cheque por $50,000 para ser utilizado en completar las oficinas centrales del COTAU en Forty Acres, en un lote de terreno en las afueras de Delano, donde Chávez había llevado a cabo su ayuno. Fue una prueba de que el COTAU, iniciado en 1962 por Chávez con sus pequeños ahorros de $1,200, había recibido la aceptación del movimiento obrero.

El próximo en hablar fue el reverendo Jim Drake, amigo y aliado de Chávez desde el principio de la lucha por la sindicalización. Drake leyó unas palabras que César Chávez había escrito ese mismo día:

"Nuestra lucha no es fácil. Los que se oponen a nuestra causa son ricos y poderosos y tienen muchos aliados en posiciones importantes.

"Nosotros somos pobres. Tenemos pocos aliados. Pero tenemos algo que los ricos no poseen.

"Tenemos nuestro cuerpo y nuestro espíritu y la justicia de nuestra causa; esas son nuestras armas.

"Si no nos engañamos, tenemos que admitir que nuestras vidas es todo lo que realmente nos pertenece. Por lo tanto, lo que determina la clase de hombres que somos es cómo usamos nuestras vidas. Creo, en lo más profundo de mi ser, que sólo dando nuestras vidas, encontramos la vida.

Paul Schrade, director regional del poderoso sindicato Trabajadores Unidos del Automóvil, fue uno de los líderes obreros que apoyó a la joven Asociación Nacional de Trabajadores Agrícolas. En la misa del 10 de marzo, Schrade le entregó a la Asociación Nacional de Trabajadores Agrícolas $50,000 como contribución de los trabajadores del automóvil.

"Estoy convencido de que el acto más real de valor, el acto mayor de hombría, es el sacrificio por los demás en una lucha por la justicia, totalmente sin violencia. Ser hombre es sufrir por los demás. ¡Que Dios nos ayude a ser hombres!"

Antes de que terminara el año 1968, tanto Robert Kennedy como el reverendo Martin Luther King, Jr., líder no violento del movimiento por los derechos civiles, fueron asesinados. Como escribiera Peter Matthiessen "entre los pobres aumentaba el temor de que todos sus paladines iban a ser asesinados." Chávez había sido amenazado y sus partidiarios temían constantemente por su vida. Chávez asintió en tomar precauciones, pero nunca se preocupó demasiado por su seguridad personal. "La muerte no es suficiente para detenernos," decía. "Hay demasiadas cosas que hacer para estarse preocupando. Hay problemas diarios sin importancia que nos ocupan. Así es la vida." Dedicándose a su lucha diaria, Chávez sobrevivió y continuó su trabajo. La vida lo había preparado precisamente para eso.

EL BARRIO DE SAL
SI PUEDES

Un pueblo mexicano en el río Bravo o del Norte (Rio Grande) en las últimas décadas del siglo pasado. Cesáreo Chávez, abuelo de César Chávez, llegó a Tejas cruzando el Rio Grande. Trabajando en el ferrocarril y en los campos pudo ahorrar lo suficiente para traer a su esposa y 14 hijos a los Estados Unidos.

César Chávez Estrada nació el 31 de marzo de 1927 en una finca cerca de Yuma, Arizona. Su familia originalmente había venido del norte de México, del estado de Chihuahua. Cesáreo, el abuelo de Chávez, había sido casi un esclavo en un rancho de gran extensión conocido como Hacienda del Carmen, pero se había escapado cruzando el Río Grande en El Paso, Tejas. Para 1888, tenía ahorrado lo suficiente para traer a su esposa y sus 14 hijos. De nuevo juntos, todos trabajaron duro y la familia prosperó. Después de un tiempo se trasladaron a Arizona y se establecieron en el valle North Gila, a lo largo del Río Colorado, en el desierto de Arizona. Cavaron zanjas de irrigación y su propiedad cubría más de 100 acres en el fondo del valle, al pie de las áridas lomas.

Para 1924, todos los hijos de Chávez se habían casado y establecido sus propios hogares, con excepción de Librado. A los 38 años, Librado se casó con Juana Estrada y continuó trabajando en la finca de su padre. Librado era apuesto, de constitución fuerte, y trabajador serio. Además de sus faenas en la finca, compró un negocio valle adentro, más allá del rancho de la familia. El negocio consistía en tres edificios separados: una tienda con vivienda encima, un garage, y un salón de billar con un pequeño mostrador para vender refrescos, cigarrillos y caramelos.

César Chávez nació en el piso de arriba de la tienda, el segundo de seis hijos. El y su hermano menor Richard eran vivarachos y traviesos, y entre otras cosas se convirtieron en expertos jugadores de billar. Librado Chávez generalmente no tenía tiempo para supervisar a los muchachos. De eso se ocupó Juana Chávez, que tuvo una gran influencia en la manera de pensar de César Chávez y en su futura carrera. Ella era profundamente religiosa y consideraba ayudar a los pobres un deber cristiano. Muchas veces enviaba a César y a Richard en busca de algún vagabundo que anduviera por ahí para traerlo a comer a la casa. Juana Chávez sabía un montón de dichos y proverbios, la mayoría refiriéndose a la caridad y contra la violencia. "Siempre estaba en contra de las

Juana y Librado Chávez, padres de César Chávez, durante los años cuarenta. Criaron a seis niños en el valle North Gila de Arizona y trabajaron largas horas para proporcionarles sustento. Además de ayudar a su padre en el rancho, Librado Chávez operaba una tienda y un salón de billar.

César Chávez y su hermana Rita, en su primera comunión. Chávez adoptó la profunda fe cristiana de su mamá y se guió por sus dos principios más importantes: el deber de ayudar a los pobres y de volver la otra mejilla al ser atacado.

peleas," recordaba Chávez después. "A pesar de una cultura en la que no eres hombre si no te tomas tu lugar para defenderte, ella decía, 'No, es mejor volver la otra mejilla. Dios te dió sentidos como los ojos, la mente y la lengua, y puedes salir de cualquier aprieto. Para una pelea hacen falta dos.' Esa era su frase favorita. 'Para una pelea hacen falta dos. Uno solo no puede.' Cuando era joven no me di cuenta de la sabiduría que había en esas palabras, pero desde entonces he recibido prueba en muchas ocasiones."

Cuando el país cayó en las garras de la Gran Depresión después de la quiebra de la bolsa de valores en 1929, Librado Chávez, como tantos otros

norteamericanos, perdió su negocio y se vio obligado
a mudarse nuevamente al rancho de adobo de sus
padres, donde su mamá ahora vivía sola. La familia
trató de vivir de la agricultura, lo que también resultó
imposible. Además de la economía en crisis, el suroeste
sufría una terrible sequía. Sin agua suficiente en el río
Colorado para llenar las zanjas de irrigación, la tierra
prácticamente se convirtió en un desierto. Esa tierra,
una vez fértil, en la que Librado Chávez había sem-
brado maíz, calabaza, chiles, y sandías, se había convertido en arcilla reseca. Sin cosecha que llevar al
mercado, la familia no pudo pagar los impuestos de
bienes raíces. Finalmente en 1937, el estado intervino
y confiscó la propiedad.

En agosto de 1938 Librado Chávez dejó la finca
y se fue a California a buscar trabajo. Lo encontró
trillando frijoles en Oxnard, en el sur del estado,
y mandó a buscar a su familia. Vivieron en una
pequeña choza en un vecindario congestionado y
después de la cosecha regresaron a Arizona. Los
Chávez tenían la esperanza de reunir suficiente dinero
para recuperar sus tierras, pero en el próximo año
éstas fueron vendidas en subasta pública. Los árboles
bajo los cuales los niños habían jugado fueron
arrancados; las zanjas, una vez llenas de agua refres-
cante, ahora estaban secas, fueron cubiertas de tierra
con la niveladora; y los corrales, antes resguardo de
los caballos de la familia, fueron demolidos. A fin
de cuentas los Chávez tuvieron que meter sus
pertenencias en un viejo Studebaker e irse de una
vez para siempre, rumbo a California. Compartían
la misma suerte de las otras 300,000 personas que
habían perdido sus tierras debido a la depresión
y la sequía, condenados ahora a la vida de trabajadores migratorios.

Ser trabajador migratorio de la agricultura signi-
fica estar permanentemente en busca de trabajo, de
otro trabajo que dé de comer a la familia un día más,

una semana más. La lucha por la supervivencia continúa día tras día, se convierte en meses, luego años, y después en una vida de trabajo en busca del próximo trabajo, del próximo campo donde toda la familia pueda trabajar junta, recorriendo las largas hileras de plantas, arrodillados para algunas cosechas, encaramados en escaleras para otras.

Es una vida en movimiento, y debido al constante traslado de un lugar a otro y la baja paga, los niños tienen que ayudar. Y cuando los niños ayudan, hay temporadas en que no pueden ir a la escuela, y la historia se repite. Otro niño en los campos, otro niño que no va a la escuela y que no encontrará luego otro trabajo que no sea el del campo. Y los que sí van a la escuela, solamente van parte del año escolar. El niño va a un colegio mientras se recoge una cosecha y se traslada a otro colegio en otros pueblos al llegar la temporada de otras cosechas. La vida se convierte en rutina: empaquetar, irse a otro lugar, buscar trabajo. Y como los planes de estudio de los colegios varían, los niños pueden estudiar la misma materia varias veces o se la pierden por completo. Cuando adultos, han acumulado una mezcolanza de conocimientos que nunca les permitirá sentirse seguros de su educación, si es que tienen tiempo de preocuparse por eso.

Para el migratorio la busca de trabajo es cuestión de poder informarse. Un trabajador escucha a otros decir a dónde van a ir, qué cosechas piensan recoger. Oye nombres de fincas o de agricultores, camioneros y capataces, y sale a buscarlos.

Librado Chávez se enteró de que había guisantes que recoger en Atascadero, California, justamente al norte de San Luis Obispo. Para allá fue la familia Chávez, en dos coches. Pero cuando llegaron, la cosecha había terminado hacía más de tres semanas. Siguieron pues, dando vueltas, hasta que otra persona mencionó otro lugar, 100 millas al norte, en González. Allí los Chávez se metieron en un solo cuarto, en el

piso de arriba de una barra. Por la noche, la música de
la victrola automática de la barra hacía tanto ruido que
nadie podía dormir. Durante el día Librado Chávez
iba por el pueblo buscando trabajo.

Se encontró con un reclutador al que le pagaban
$20.00 por cada familia que enviara a Half Moon
Bay. El reclutador prometió un jornal determinado,
pero cuando llegaron allí era sólo la mitad. Había
demasiados trabajadores compitiendo por los mismos
trabajos.

La primera vez que recogieron guisantes los
Chávez aprendieron otra lección. Llenar una canasta
demoraba dos horas, yendo hilera por hilera, doblado
por la cintura. Tenían que llevar las cestas llenas de
guisantes hasta el final del campo, donde las dividían
por grupos y las pesaban. A los trabajadores sólo se les
pagaba por los que se consideraban "guisantes buenos." En tres horas toda la familia Chávez, trabajando
juntos, habían ganado 20 centavos.

Después de una semana se enteraron de otro trabajo. De nuevo "se podía ganar buen dinero," esta vez
en San José, al sur de San Francisco. Al igual que
muchos otros, la familia empaquetó rápidamente y se
puso en camino. Pero con tanta gente llegando al
mismo tiempo, y todos igualmente desesperados, la
situación en San José no iba a ser diferente.

En San José, los Chávez llegaron a un barrio
latino en el que se hablaba español, situado entre dos
callejones sin salida y sin pavimentar, rodeados de
campos y praderas. Las casas, apretujadas una contra
otra y separadas de cuando en cuando por altas cercas
sin pintar, no eran más que chozas con un excusado en
el patio. Sobre todo había gente: una multitud,
apiñados en cada casa, cada lote. El barrio se llamaba
Sal Si Puedes.

Según Chávez recordara más adelante, "cuando
llegamos por primera vez el problema era entrar, no
salir." El barrio estaba tan abarrotado de gente que los

Chávez no pudieron encontrar nada mejor que un solo cuarto en un hospedaje. El cuarto medía 10 por 12 pies, y once personas tenían que dormir en él.

Durante el día continuaba la búsqueda de trabajo. Los agricultores estaban pagando centavo y medio por libra para cosechar cerezas, si uno conseguía contrato. Anteriormente la paga había sido dos centavos por libra. Pero ahora, con tantos trabajadores, el precio había bajado.

Después de la cosecha de la cereza empezó la del albaricoque. Una vez cosechada la fruta, los trabajadores, de pie frente a largas mesas de madera en el cobertizo de empaquetar, cortaban cada albaricoque por la mitad, sacaban la semilla y colocaban la fruta sin semilla en bandejas de madera de seis pies de largo. Los albaricoques entonces eran rociados con azufre y puestos a secar. En este tipo de trabajo una familia podía promediar 30 centavos al día.

Después de la temporada de los albaricoques había un período sin trabajo, hasta el comienzo de la próxima cosecha. Pero las familias esperarían. Hubiera sido más costoso ir a otro lugar y arriesgarse a no encontrar trabajo, que permanecer donde uno estaba. Pronto empezaría la temporada de la ciruela pasa. Después de la cosecha de la ciruela pasa muchos irían a Oxnard, sus coches destartalados formando largas filas por las carreteras de California. En Oxnard recogerían nueces. Los trabajadores tenían que hacer caer las nueces sacudiendo los árboles con largos palos provistos de ganchos. El trabajo era agotador, pero para algunos la peor parte era recoger las nueces del suelo, una a una, doblados por la cintura, hora tras hora.

Para la familia Chávez el invierno después de la recogida fue uno de los peores. Por primera vez no tenían donde vivir. Finalmente, una mujer que trabajaba con ellos en las plantaciones de nueces les ofreció su patio. César, Richard, y su primo Manuel podían dormir al aire libre y los demás dentro de una tienda de campaña de ocho pies de largo. En el verano esto pudiera haber sido una aventura. Pero en el invierno, cuando la neblina del Pacífico llegaba a Oxnard, el aire frío y húmedo se colaba en la ropa de todos, aún la de los que dormían en la tienda de campaña. Eventualmente los zapatos de César se desintegraron con la humedad, y tuvo que ir al colegio descalzo, por el lodo. "Después del colegio," recordaba, "pescábamos en el canal y cortábamos hojas de mostaza silvestre. De no ser por eso, nos hubiéramos muerto de hambre."

Como muchos jóvenes a su alrededor, César Chávez veía a sus padres envejecer con cada temporada en los campos. La situación se hizo aún más difícil cuando en 1942 su padre sufrió una herida en el pecho en un accidente automovilístico. Después de eso César dejó el colegio. Tenía ya 15 años pero no había pasado del séptimo grado. Como muchos jóvenes que se iban del colegio, pensó que trabajaría para ayudar a sus padres, regresando al colegio después de uno o dos años, para completar el instituto de segunda enseanza. Pero no fue así como sucedieron las cosas.

Los años en el campo se entrelazaron uno con el otro, al igual que las cosechas. En el invierno, César entresacaba lechuga y remolacha de azúcar, para que las plantas no estuvieran tan juntas. Esto se hacía con un azadón corto y había que trabajar inclinado todo el tiempo, usando las manos si las plantas eran demasiado cortas para el azadón. "Cada vez que veo una lechuga," observaba años después, "eso es lo que me recuerda. Pienso que algún ser humano ha tenido que entresacarla. Y es como estar clavado en la cruz."

Cuando no se conseguía otro trabajo, había cebollas. Chávez caminaba por el campo, abría un hueco en la tierra con los dedos y sembraba las plantas del semillero, cuatro pulgadas entre cada una. "Es como repartir cartas—uno, dos, tres, cuatro—sin descanso; caminando rápido, te inclinas, introduces la plantita en la tierra. . . . Algunas fincas por suerte tenían buena tierra, pero otras tenían asperezas o yerbas con espinas que penetraban en los dedos. Dolía, pero uno no se podía detener, había que completar ese acre."

Acre por acre, César gastó dos años más de su juventud. Un día se dió cuenta de que tenía 17 años y aún no había vuelto a la escuela. Le agradaba la responsabilidad adulta de ayudar a la familia, pero había visto con sus propios ojos que muy pocos trabajadores agrícolas conservaban su fuerza después de los 35.

En 1944, en medio de la segunda guerra mundial, César Chávez se enlistó en la Marina de los Estados Unidos y sirvió dos años como marinero de cubierta en un transporte de tropas. Se había enlistado sólo para no ser reclutado al ejército al cumplir los 18 años y recordó que sus dos años en la marina fueron los peores de su vida. "Esa regimentación, esa super-autoridad, que alguien de alguna manera tenga el derecho de moverte de un lugar a otro como si fueras una máquina. . . . Y había muchísima discriminación."

Los trabajadores usan azadones de mango corto para entresacar plantas pequeñas a fin de que las que quedan tengan suficiente espacio para crecer. La labor es agotadora. El trabajador tiene que ir lentamente, fila por fila, siempre doblado por la cintura. El joven Chávez frecuentemente entresacó plantas de remolacha y de lechuga.

En su juventud Chávez había sufrido discriminación de muchas formas. Maestros que consideraban a los niños mexicano-americanos como retrasados mentales, restaurantes que rehusaban servirle a nadie que tuviera la piel oscura, agricultores que trataban a sus trabajadores poco mejor que a los animales. Un día, estando de licencia un fin de semana en Delano, California (años después, el lugar de su mayor éxito como líder obrero), decidió no aguantarlo más. Se sentó en el cine en la sección reservada para blancos. Cuando le pidieron que se cambiase para la sección de los mexicanos, negros y filipinos, se negó. Vino la policía y se lo llevó a la cárcel. No pudiendo acusarlo de nada, la policía lo soltó con una advertencia. Chávez estaba enojado pero, según recordara, "en aquel momento no supe qué hacer." Tardó tiempo en aprender a canalizar su furia en activismo social.

Por lo pronto, volvió al campo y empezó su propia familia. Cuando tenía 15 años, viajando con su familia en busca de trabajo, los Chávez estuvieron por un tiempo en un pueblo de tiendas de campaña en las afueras de Delano. César fue al pueblo a dar una vuelta y acabó en una tienda de malteados llamada La Baratita. Allí conoció a un grupo de jóvenes y se sintió atraído por una muchacha de su misma edad que llevaba flores en el pelo. Averiguó que se llamaba Helen Fabela y que trabajaba en la tienda de comestibles llamada El pueblo. César iba a la tienda con frecuencia y él y Helen empezaron a salir juntos. Se casaron en 1948; y con el viejo Studebaker de Librado Chávez y un dinero que César había ahorrado, los recién casados pasaron sus dos semanas de luna de miel visitando las viejas misiones españolas de California.

Después de su luna de miel los Chávez regresaron a Delano, donde César recogía uvas en el verano y algodón en el invierno. En su casa, una choza de una sola habitación, la nueva familia Chávez no tenía ni electricidad ni agua corriente. Hacía frío, por lo cual la pequeña estufa de queroseno la tenían encendida día y noche. Como no tenían automóvil, Chávez tenía que conseguir quien lo llevara al trabajo si los campos estaban lejos.

Cuando se cansaron de vivir solos, César y Helen se fueron a San José, donde Richard, el hermano de César, estaba trabajando en una finca de albaricoques. César trabajaba uno o dos días a la semana, cuando su hermano le podía conseguir plaza. El resto del tiempo se lo pasaba buscando un trabajo más permanente. Para entonces Helen había dado a luz al primero de sus hijos: Fernando. Le seguirían siete más.

Todos los Chávez se reunieron de nuevo en Greenfield, cerca de San José, donde arrendaron una pequeña finca y trataron de cultivar fresas. Pero después de dos años de trabajo continuo, sin parar tan siquiera en las navidades, no habían logrado levantar cabeza y decidieron abandonar el proyecto. César terminó recogiendo judías verdes ganando de $1.00 a $1.50 la hora mientras que Helen daba a luz a dos hijos más. Finalmente, César y Richard consiguieron trabajo en un negocio de madera en Crescent City, 400 millas al norte. Una vez acostumbrados a ese tipo de trabajo, pudieron mandar a buscar a sus familias. Después de año y medio se cansaron del tiempo lluvioso del norte de California y regresaron a San José, donde Richard encontró trabajo como carpintero y César en un aserradero. Después de pasarse la juventud ambulando por el estado de California, finalmente habían escapado de los campos. Para muchos eso hubiera sido suficiente éxito. Pero César Chávez ya sabía que había cosas más importantes por las que luchar.

LA ORGANIZACIÓN LABORAL

La primera experiencia de César Chávez con el movimiento obrero fue en 1948, cuando tenía 21 años. El y su familia estaban recogiendo algodón cerca de Wasco, en el valle San Joaquín, en California central, cuando pasó una caravana de automóviles. La gente en los coches estaban blandiendo banderas por las ventanillas, incitando a los trabajadores del campo a que hiciesen huelga. Gritaban por los altavoces que los jornales eran demasiado bajos. Pero los altavoces eran tan estridentes que casi no se les podían entender las palabras. Algunos trabajadores se taparon las orejas con las manos para hacerle saber a los que iban en los coches que no se les podía entender.

Pero la familia Chávez entendió perfectamente. Ya habían tomado parte en paros cuando estimaban que se estaba cometiendo una injusticia. Hacía algún tiempo en Wasco mismo que habían oído a un trabajador quejarse al capataz de que su saco de algodón no se lo estaban pesando correctamente y que le estaban dando la mala. Los dos hombres discutieron y Librado Chávez se metió para apoyar a su compañero de

César Chávez (segundo a la derecha) empezó a trabajar en 1952 como organizador de la Organización de Servicios de la Comunidad y fue su director general en 1958. Tres años después, Chávez renunció a su cómodo puesto por crear un sindicato para trabajadores agrícolas.

35

trabajo. Cuando el capataz se negó a ceder, el trabajador afectado y los Chávez pararon de trabajar.

Ver a los trabajadores en sus coches, blandiendo banderas y gritando "¡Huelga! ¡Huelga!" provocó que Chávez dejara de trabajar para unirse a la huelga. Atravesaron el valle de San Joaquín, y les gritaban a los trabajadores agachados sobre sus faenas. Esa noche los huelguistas se reunieron en el pueblo de Corcoran. Muchos trabajadores vinieron a expresar su apoyo, pero después de unos días la huelga perdió impulso y todo siguió igual.

Esa huelga en particular había sido organizada por la Unión Nacional de Trabajo Agrícola. Cuando César era todavía un muchacho, Librado había pertenecido a varios sindicatos: Los Trabajadores Tabacaleros, Los Trabajadores de Fábricas de Conservas, Los Trabajadores de Frigoríficos. César no se había inscrito, pero leía los periódicos y se mantuvo informado de los acontecimientos principales y personajes importantes del movimiento obrero.

Otra influencia importante en la vida de Chávez en esos años, además de su padre, fue el padre Donald McDonnell, un joven sacerdote católico que había venido al barrio Sal Si Puedes, donde no había iglesia católica, para oficiar la misa para los mexicano-americanos. Chávez, que había heredado la fe religiosa de su mamá, ayudó al sacerdote en su tarea. No tardó en reconocer que el padre McDonnell no sólo estaba interesado en las almas de sus parroquianos sino también en su bienestar material. "Tuvimos una larga conversación sobre los trabajadores agrícolas," recordó Chávez. "Yo sabía mucho del trabajo en sí, pero nada de la parte económica, y aprendí mucho de él. . . . El tenía una foto de la choza de un trabajador junto a la de la mansión del agricultor; una foto de un campo de trabajo y una de un edificio valioso en San Francisco, propiedad del mismo agricultor. . . . El propósito de todo lo que él decía era cómo resolver las injusticias."

El padre McDonnell le dió a Chávez copias de las audiencias del Congreso sobre problemas de agricultura, así como biografías de San Francisco de Asís, el fraile del siglo trece que dedicó su vida a servir a los pobres, y de Mohandas K. Gandhi, quien por medios no violentos había dirigido la lucha de la India por la independencia contra el Imperio Británico después de la segunda guerra mundial. Los ejemplos y las enseñanzas de Gandhi y de San Francisco reafirmaron lo que Chávez había aprendido de su mamá. Sus primeros pasos como organizador, sin embargo, le vinieron gracias a Fred Ross, a quien Chávez también había conocido en el barrio de Sal Si Puedes, y del que dijera sencillamente más tarde, "él cambió mi vida."

Ross, un hombre alto y delgado con profundas líneas en la cara, nació en San Francisco en 1910. Se graduó de la Universidad de California del Sur en 1936. Aunque quiso ser maestro, no encontró plaza debido a la Depresión, por lo que se colocó de trabajador social con la administración estatal de asistencia. Después trabajó para la Administración de Seguridad Agrícola, una agencia gubernamental establecida bajo el Nuevo Trato del presidente Franklin D. Roosevelt. La responsabilidad principal de Ross era repartir productos esenciales como harina y judías a aquéllos que más lo necesitaran. Pero esto no fue suficiente para Ross. Cuando se le enviaba a alguna parte para hacer una encuesta, se disponía a organizar a los pobres para que le hicieran frente a lo que estaba sucediendo a su alrededor. Saul Alinsky, un organizador de la comunidad basado en Chicago, que había creado la Fundación de Areas Industriales se enteró de lo que Ross estaba haciendo y le ofreció un trabajo en septiembre de 1947. Alinsky quería que Ross organizara a los mexicano-americanos en Los Angeles, su centro de población. De Los Angeles, las actividades de organización de Ross se extendieron a otros barrios de

California. En junio de 1952, Ross estaba en el barrio de Sal Si Puedes en busca de César Chávez.

Pero Chávez no tenía interés alguno en conocer a Ross. Estaba seguro de que Ross no era más que otro gringo que quería algo para sí de los mexicanos. Estaba acostumbrado a ver sociólogos en el barrio con sus libretitas, estudiando a los pobres como si fueran animales de laboratorio. No quería tener nada que ver con esos intrusos. Puesto sobre aviso de que Ross iba a venir a verlo, Chávez cruzó la calle hasta la casa de su hermano, y le dijo a Helen que le hiciera algún cuento al desconocido para deshacerse de él. Las primeras tres veces, Helen le dió de largas a Ross. Pero cuando Ross regresó por cuarta vez Helen se cansó de inventar excusas. Salió de su casa y señaló para la casa de enfrente, la de Richard Chávez. A César Chávez no le quedó más remedio que oír lo que Ross tenía que decir.

Ross quería que Chávez tuviera una reunión organizadora en su casa cuanto antes. Chávez asintió, con intenciones de hacerle la vida difícil a Ross y deshacerse de él de una vez para siempre. Chávez invitó a unos tipos rudos del barrio a la reunión, les dió cerveza y les dijo que cuando pasara el cigarrillo de su mano derecha a la izquierda, debían empezar una discusión con Ross, echándolo de la casa.

Pero en la noche de la junta, el 9 de junio de 1952, Ross no hizo preguntas tontas sobre cómo era allí la vida del mexicano, o cómo era ser pobre y trabajar en la agricultura. Habló tranquilamente de los problemas de la gente en esa área. Por ejemplo, él sabía que el arroyo detrás del barrio Sal Si Puedes estaba contaminado con desperdicios de un frigorífico. Los niños jugaban en sus aguas y las infecciones que cogían eran prueba de que estaba contaminada. Ross quería que la gente se organizara para presionar a las autoridades a que resolvieran ese problema. Describió la organi-

Hiram Samaniego, organizador de la Organización de Servicios de la Comunidad, (izquierda) y Fred Ross (derecha) reclutan a Chávez como organizador de la comunidad en 1952. En su primer encuentro Ross inmediatamente reconoció la habilidad de Chávez y fue su amigo y consejero. Chávez dijo de Ross, "él cambió mi vida."

zación que había creado, Organización de Servicios a la Comunidad y explicó cómo su grupo podía ayudar a los pobres a adquirir poder en la comunidad.

Algunos de los amigos de Chávez todavía querían hacerle pasar un mal rato a Ross, pero Chávez rápidamente los sacó de la casa. Las palabras de Ross le habían hecho un profundo efecto. Hasta ese momento, para Chávez no había otra alternativa que la de atacar el problema de los pobres a un nivel individual. Ross le dió la idea de que la gente misma podía hacer algo por la comunidad. "Explicó tan bien cómo los pobres podían adquirir poder que yo podía saborearlo, lo podía sentir," le dijo Chávez a Peter Matthiessen más tarde. "Pensé, caramba, es como cavar un hueco, no tiene nada de complicado."

Después de la reunión Chávez acompañó a Ross hasta su coche, todavía absorbiendo ideas. Cuando se enteró de que Ross tenía que ir a otra reunión, se metió en el auto y lo acompañó. Una vez terminada la reunión Chávez acordó reunirse con Ross a la noche siguiente y participar en una acción para registrar votantes.

La inteligencia y el entusiasmo de Chávez impresionaron a Ross profundamente. Ross llevaba un diario en esos días, y cuando regresó a casa ese día hizo una simple anotación: "Creo que encontré al tipo que andaba buscando."

Chávez también ayudó a otros a obtener ciudadanía americana, y dió clases en un colegio local. Muchos sólo querían hablar con él sobre sus problemas de la vida diaria. Algunos no sabían escribir y necesitaban que alguien les escribiera una carta. Otros no hablaban inglés o lo hablaban mal, y les hacía falta un intérprete que los acompañara a alguna oficina del gobierno. Habia otros que necesitaban ayuda en tratar con la policía. Mientras se ocupaba de todos esos problemas, Chávez organizaba pequeñas reuniones parecidas a la que Ross había tenido en su casa. Por estas reuniónes más y más personas en el área de San José empezaron a conocer a Chávez y a respetar su capacidad.

Cuando el aserradero donde Chávez trabajaba empezó a despedir empleados, Ross convenció a Saul Alinsky, de la Fundación de Areas Industriales, cuya organización estaba financiando a la Organización de Servicios a la Comunidad, de emplear a Chávez como organizador. Chávez comenzó en DeCoto (hoy día Union City) y después se trasladó más al norte, a Oakland.

Oakland era una gran ciudad, y Chávez, cuando fue por vez primera, se perdió. Los arreglos para su reunión casera inicial habían sido hechos por el padre Gerald Cox, un sacerdote del lugar, quien sin embargo no pudo asistir. Chávez, que sólo tenía 25 años y lucía más joven, temía que la gente no lo iba a tomar en serio. Le dió unas cuantas vueltas a la manzana en su auto antes de detenerse en la casa donde se iba a celebrar la reunión. Cuando entró, en lugar de presentarse, se sentó en una

Saul Alinsky, director de la Fundación de Areas Industriales, consideró a Chávez el mejor organizador que la FAI jamás hubiera tenido. Sin embargo, Chávez y Alinsky estaban en completo desacuerdo sobre la necesidad de un sindicato para trabajadores agrícolas.

esquina como si fuera otro miembro cualquiera del grupo. Las diez personas que habían venido a la reunión estuvieron un rato conversando. Después de 15 o 20 minutos una mujer preguntó en voz alta que dónde estaba el organizador. En ese momento Chávez tenía que decir algo y presentarse. "Ella me miró y exclamó, '¡Ay ay ay!' " recordaba Chávez. "Me di cuenta que su reacción fue pensar, ¡Ese mocoso, ese imberbe, ¿es el organizador? ¡No me hagan reír!"

Cuando Chávez empezó a hablar, todavía no se sentía seguro de sí mismo. Explicó lo que era la Organización de Servicios a la Comunidad y lo importante que era organizarse. Pero pensó que sus palabras sonaban torpes e incoherentes. Estaba muy consciente de que los demás eran mayores que él y tenían más experiencia de la vida. ¿Por qué iban a escuchar lo que él tenía que decir? Sin embargo, al final de la reunión varios de los presentes se habían comprometido a organizar más reuniónes.

"Creo que probablemente se compadecieron de mí," dice Chávez.

Siguiendo el sistema de Ross, Chávez continuó teniendo reuniones caseras durante tres meses antes de fijar fecha para su primera asamblea general, la cual se iba a celebrar en el salón social de la iglesia de St. Mary. La reunión debía empezar a las 7:00 de la noche. A las 4:00 Chávez estaba convencido de que nadie iba a venir. A las 7:00 había sólo veinte personas en el salón. Pero al terminar la asamblea, 368 personas estaban presentes. Este fue el primer gran éxito de Chávez como organizador.

Llamó a Ross para darle las buenas noticias. Ross estaba complacido pero no tenía intención de dejar que Chávez se durmiera en sus laureles. Poco después Ross mandó a Chávez a Madera, en el valle de San Joaquín, y le aumentó el sueldo a $58 semanales. A Chávez esto le pareció mucho dinero, y no tardó en meter a su familia en el automóvil para partir hacia su nuevo puesto. Después de Madera vino Bakersfield, luego Hanford, después otras ciudades y pueblos; no permaneció en ningún lugar más de cuatro meses. "En todas partes había problemas," recordaba Chávez. "Había peleas, había incontables ocasiones en que pudimos ayudar a la gente. Pero pasara lo que pasara, yo seguía aprendiendo."

En 1958 enviaron a Chávez a Oxnard, donde él y su familia hubieron de pasar un invierno frío y húmedo en una tienda de campaña. Chávez estaba seguro de lo que tenía que hacer. Se aproximaban las elecciones generales y los votantes mexicano-americanos tenían que participar. Hacía falta una campaña para registrar a los votantes.

Pero la gente de los barrios, aunque venían para registrarse, no hablaban mucho de las elecciones. Hablaban de los trabajos que estaban perdiendo por culpa de los braceros, los trabajadores migratorios de México. De acuerdo con las leyes federales, los agricultores podían contratar a braceros para trabajar en los Estados Unidos, pero únicamente si no había obreros locales. Los trabajadores que venían a ver a Chávez estaban enojados y confundidos. Cómo se les permitía a los agricultores importar braceros cuando había gente local buscando trabajo? Era ilegal, pero ahí estaban los braceros, en los campos.

El 15 de enero de 1959, unos 1,500 trabajadores tuvieron una reunión de protesta contra la manera en que los agricultores contrataban a los trabajadores. Los trabajadores distribuyeron folletos por todo Oxnard, acusando al Servicio de Contratación de Trabajo Agrícola, una agencia del estado, de estar confabulados con los agricultores. La mañana siguiente Chávez y sus asociados llamaron a la oficina del gobernador, pero no tuvieron respuesta. Entonces llamaron a Alan Cranston, el jefe de Contaduría del Estado, que en otras ocasiones había simpatizado con los problemas de los mexicano-americanos. Cranston le ordenó a John Carr, jefe del Ministerio de Trabajo, que se comunicara con Chávez. Carr refirió a Chávez a otro funcionario y después lo eludió durante un mes.

Chávez se fue a la ofensiva. Le pidió a otros trabajadores que llenaran solicitudes con el Servicio de Contratación de Trabajo Agrícola. Los trabajadores se rieron porque estaban seguros de que era inútil. Pero Chávez los persuadió. "¿Qué tenemos que perder?" les dijo, "Vamos a ver qué pasa." Un trabajador joven aceptó, y otros le siguieron. Chávez hizo copias de las solicitudes, así como de las cédulas. Después de un mes pudo presentarle a John Carr documentos probando que consistentemente se les estaba negando trabajo a trabajadores registrados. Carr gestionó una reunión de funcionarios del Servicio de Contratación de Trabajo Agrícola con la Organización de Servicios a la Comunidad y eventualmente los agricultores contrataron a tres trabajadores locales. Era un gesto nominal insignificante, y aún así, después de sólamente unas horas de labor, los trabajadores fueron despedidos con el pretexto de que no tenían experiencia. Uno de los hombres había estado trabajando en los campos por 17 años.

La Organización de Servicios a la Comunidad entonces le puso piquetes por la noche a los campamentos de los braceros. Cuando los funcionarios del Servicio de Contratación de Trabajo Agrícola salieron de sus oficinas al finalizar sus labores, los manifestantes de la Organización de Servicios a la Comunidad se les enfrentaron gritando: "¡Queremos trabajo!" La gente de Chávez les entregaron folletos a los comerciantes de Oxnard, avisándoles que los trabajadores locales no podían comprar en sus tiendas porque todas las plazas se las estaban dando a los braceros que se llevaban el dinero para México. De esta manera, Chávez estaba desarrollando las técnicas que luego usaría a nivel nacional como jefe del sindicato.

Días después, Chávez organizó una marcha al Servicio de Contratación de Trabajo Agrícola. Los trabajadores se registraron varias veces cada uno para obtener un montón de cédulas. Después, unos 60 o 70 hombres, seguidos de una caravana de coches con mujeres y niños, marcharon a Jones Ranch, uno de los principales empleadores de braceros.

Chávez se había ocupado de avisarle a los servicios de noticias, y cuando los que marchaban llegaron al rancho, había ya allí muchísimos policías y cuadrillas de televisión. Chávez se subio encima de un coche y empezó a hablar. Dijo que era inútil registrarse para trabajar porque el sistema era una farsa. Acto seguido le prendió fuego a su cédula y los demás obreros hicieron lo mismo. De repente había un montón de cédulas en llamas. Según Chávez, "Las cámaras de televisión se dieron gusto."

A pesar de la publicidad que tuvo esa marcha, los agricultores no cedieron. Pero un mes después el

Secretario de Trabajo de los Estados Unidos, James Mitchell, visitó el área para hablarle a un grupo de comerciantes. La Organización de Servicios a la Comunidad le puso piquetes a la sala donde Mitchell estaba hablando y después organizó una manifestación en Oxnard a la que, según recordara Chávez, fueron 10,000 personas. Los manifestantes marcharon detrás de una bandera que llevaba la imagen de la Virgen de Guadalupe, patrona de los trabajadores agrícolas mexicanos, y cantaron himnos mexicanos. La policía protestó que los manifestantes no tenían permiso para la marcha, pero al enfrentárseles 10,000 personas, no pudieron intervenir.

"Ahí fue donde descubrí el poder de una manifestación," dijo Chávez.

Con los funcionarios federales más y más envueltos en el asunto, los funcionarios del estado aumentaron su presión sobre el Servicio de Contratación de Trabajo Agrícola hasta que esa agencia accedió a cooperar totalmente con la Organización de Servicios a la Comunidad. Los agricultores finalmente empezaron a usar las oficinas de la Organización de Servicios a la Comunidad como salas de contratación, viniendo a llevarse los trabajadores que la Organización de Servicios a la Comunidad había seleccionado, y pagándoles el jornal que la Organización de Servicios a la Comunidad había fijado. Después de una lucha de 13 meses, de trabajar de 5:00 de la mañana a 10:00 de la noche, de ver su peso bajar de 152 a 127 libras, Chávez se anotó su primera gran victoria como organizador de los trabajadores agrícolas.

LA CAUSA

Chávez creó su sindicato de trabajadores agrícolas en 1962 cuando no tenía entrada fija y sólo $1,200 en el banco. Más tarde admitió que al principio tenía miedo. Pero su temor se desvaneció cuando Chávez se dió cuenta de que él y su familia podían sobrevivir sin su sueldo.

Inspirado por su victoria en Oxnard, César Chávez estimó que había llegado el momento de crear un sindicato. La Organización de Servicios a la Comunidad, sin embargo, no estaba dispuesto a aprobar tal proyecto. Lo que hizo el consejo de la Organización de Servicios a la Comunidad fue nombrar a Chávez director nacional y lo transfirió a Los Angeles. Esto significó un gran paso hacia adelante en cuanto a la situación económica de Chávez. El y Helen ya tenían 8 hijos y el sueldo de $150 a la semana, más gastos, les permitiría vivir sin problemas. Chávez, sin embargo, estaba inquieto en Los Angeles. "Más que nada quería ayudar a los trabajadores agrícolas," decía más tarde.

Chávez actuó dos años más como director nacional de la Organización de Servicios a la Comunidad, tratando todo el tiempo de convencer a los dirigentes a que le dejaran crear un sindicato de trabajadores agrícolas. Sus esfuerzos fueron inútiles. Para Saul Alinsky, Chávez era el mejor trabajador que hubiera empleado jamás, pero Alinsky no tenía el apego de Chávez a la tierra y a la gente que la trabajaban. Alinsky estaba convencido de que la mejor esperanza de los trabajadores agrícolas era adquirir habilidades políticas y técnicas que les permitieran prosperar en la sociedad urbana del futuro. Chávez estaba obsesionado por liberar a los que en la actualidad estaban doblando el lomo en los campos. A fin de cuentas, a Chávez no le quedó más remedio que renunciar de la Organización de Servicios a la Comunidad y crear un sindicato de trabajadores agrícolas por su cuenta.

Fue un paso que discutió largamente con Helen, su esposa. "Mientras más lo discutíamos, más yo la organizaba," Chávez recordaba después. "Me di cuenta de la trampa en que la mayoría de las personas caen, amarrándose a un trabajo por la seguridad que ofrece. Era más fácil para nosotros tratar de escapar de la pobreza que cambiar las condiciones que mantienen a tantos trabajadores en la miseria. Pero heredamos la pobreza de nuestros padres, y nuestros padres de nuestros abuelos, y nuestros abuelos de sus padres. ¡Había que ponerle fin a esa cadena!"

Helen estuvo de acuerdo en darle 10 años a la idea del sindicato, y Chávez renunció a su trabajo, con un total de $1,200 en el banco. "Al principio tuve miedo, mucho miedo," confesó más tarde, "pero cuando dejé de recibir mi cuarto cheque de sueldo, y todo seguía adelante, y la luna, el cielo y las flores todavía estaban donde siempre, me eché a reír. Realmente empecé a sentirme libre."

Los Chávez se mudaron nuevamente a Delano, el pueblo natal de Helen, donde al menos podían contar con el apoyo de la familia de ella en caso de necesidad desesperada. Por lo demás, estaban empezando de nuevo desde el principio. Aunque el AFL-CIO, la organización obrera más poderosa de los Estados Unidos, había establecido el Comité Organizador de los Trabajadores Agrícolas en 1959, Chávez no quería estar restringido por las presiones políticas a las que estaban sujetos los grandes sindicatos.

*César y Helen Chávez,
con siete de sus ocho
hijos, regresaron a Delano
cuando César renunció
a su trabajo con la
Organización de Servicios
de la Comunidad. Helen
Chávez muchas veces
trabajó largas horas en
los campos para cubrir
gastos básicos, y los hijos
ayudaban a su padre a
distribuir panfletos.*

Tan pronto Chávez llegó a Delano, hizo un mapa con todos los pueblos y campamentos agrícolas en el valle de San Joaquín, con un total de 86, y determinado de visitar a cada uno de ellos. Su propósito era reclutar trabajadores para su nuevo sindicato, la Asociación Nacional de Trabajadores Agrícolas.

El reverendo Jim Drake, que se convirtió en uno de los principales aliados de Chávez, no tenía mucha fe en el éxito de la Asociación Nacional de Trabajadores Agrícolas. "Realmente pensé que Chávez estaba loco. Todos menos Helen lo pensaron. Tenían tantos niños y tan poco que comer, y ese viejo Mercury suburbano de 1953 tragaba demasiada gasolina y aceite. Todo lo que quería hacer parecía imposible. En su pequeño garage estableció su cuartel general, pero hacía tanto calor que toda la tinta del mimeógrafo que le presté se derretía."

Todo el que había estudiado, como Chávez, la historia de los sindicatos de trabajadores agrícolas en California, sabía que los trabajadores agrícolas nunca habían tenido éxito a largo plazo. Desde principios de 1870, cuando los agricultores descubrieron lo fértil que era la tierra de California, olas de inmigrantes habían trabajado la tierra. Primero vinieron los chinos, después los japoneses, luego los mexicanos y aún hindúes de la India. Los agricultores habían aprendido a oponer un grupo al otro, usando la necesidad de trabajar y los antagonismos raciales para mantener los jornales bajos. Si los trabajadores lograban organizarse, los agricultores y las autoridades locales se combinaban para destruir los sindicatos, encarcelando a los líderes y empleando a grupos de vigilantes para apalear y aterrorizar a los organizadores.

Aún en los años del Nuevo Trato, cuando el Congreso promulgó leyes protegiendo los derechos de los trabajadores, el gobierno federal no había ayudado en nada. La crucial Legislación Nacional de Relaciones Laborales de 1935 específicamente excluía a los trabajadores agrícolas de sus provisiones protectoras porque no se dedicaban al comercio entre estados. En años subsiguientes, la industria agrícola había frustrado todos los intentos por modificar esta legislación.

Chávez estaba decidido a triunfar donde otros habían fracasado. Tenía un plan sencillo: Iría de pueblo en pueblo en su vieja camioneta suburbana para hablar con los trabajadores. Al principio, ninguna asamblea en masa, sólo conversaciones tranquilas. Muchas veces se llevaba con él a su hijo pequeño Anthony (conocido como "Birdy") porque Helen estaba trabajando en los campos y no tenían dinero para niñeras. Mientras su padre conducía, Birdy dormía en el asiento delantero. Cuando Chávez llegaba al lugar escogido y veía algunos trabajadores en los campos, se acercaba lo más posible en el auto y entonces se apeaba. Con Birdy tambaleándose a su lado entre las hileras sembradas, Chávez les preguntaba a los trabajadores sobre las condiciones de trabajo. Según los fue conociendo mejor, les aclaró que estaba allí para ayudar con cualquier problema que tuvieran. Si un trabajador tenía audiencia con la comisión de trabajo o un turno para tratar de conseguir compensación por una lesión sufrida en el trabajo, César iba con él. Y mientras que el trabajador conducía, Chávez hablaba. Algunas veces ni siquiera conversaba del trabajo o del sindicato sino simplemente trataba de establecer contacto humano y obtener su confianza. "Todo lo que hizo en tres días fue hacerme reír," se maravillaba uno de los hombres, pero al cabo de los tres días se había convertido a la causa del sindicato.

Chávez no temía describirse como fanático. "Tienes que concentrarte en una cosa y seguir machacando y machacando asiduamente, hasta que la logres," decía. Así fue como reclutó a sus asistentes de más confianza en el sindicato. Convenció a Dolores Huerta a dejar su trabajo con la Organización de Servicios a la Comunidad y convertirse en organizadora para la Asociación Nacional de Trabajadores Agrícolas, donde la paga era $5 a la semana, más cuarto y comida. Después fue tras su primo Manuel, que estaba ganando $1500 al mes vendiendo autos en Yuma, Arizona, una magnífica entrada en 1962. Manuel Chávez no tenía la menor intención de dejar su cómodo estilo de vida para volver a la pobreza. Pero César siguió insistiendo, recordándole a Manuel la tienda de campaña en Oxnard y todos los demás momentos difíciles que los Chávez habían compartido. ¿Acaso no tenían la obligación de ayudar a los que todavía estaban sufriendo? Finalmente Manuel accedió a ir a California por seis meses y probar la labor organizadora. Nunca regresó.

Incluso los hijos de Chávez fueron reclutados para "La Causa," nombre que le dieron los trabajadores agrícolas al sindicato. Los viernes, cuando los niños salían de la escuela, Chávez los metía en su auto y todos repartían panfletos en los condados de Kern, Kings, Tulare y Fresno. En el verano trabajaban hasta tarde por la noche, así como los sábados y domingos.

Los muchachos empezaron a tratarlo como un juego. Cuando su padre detenía el auto, se echaban a correr a toda carrera por las calles. Después de un rato los otros niños del barrio venían a correr con ellos. De ese modo se podían repartir panfletos por todo el barrio en 15 o 20 minutos. Entonces los niños de Chávez regresaban al auto y seguían viaje hasta la próxima parada.

Las respuestas a los panfletos se demoraban en venir, podía llegar una cada dos o tres días. Chávez estaba extático cuando recibía dos cartas en un día. El contestaba cada carta y después iba personalmente a visitar a los que le habían escrito. "Los agricultores no sabían que Chávez había llegado al pueblo," recordaba Jim Drake, "pero los trabajadores sí. Después de un tiempo, iban a su casa día y noche pidiendo ayuda . . . Los trabajos que se tomó César nunca fueron parte promocional, sino una extensión muy genuina de su filosofía de que a los seres humanos había que tomarlos en serio.

Para el otoño de 1962 la Asociación Nacional de Trabajadores Agrícolas tenía suficientes miembros como para celebrar una convención. La asamblea se llevó a cabo el 30 de septiembre en un teatro abandonado en Fresno.

Manuel Chávez había ido a Fresno con anterioridad para hacer los arreglos necesarios. Llevaba una tarjeta que lo identificaba como secretario-tesorero del sindicato pero no tenía dinero. Manuel, siempre organizador con recursos, habló con el propietario del teatro diciéndole que quería arrendarlo para una junta. El dueño del teatro le pidió $50. Manuel le explicó que el presidente del sindicato venía por avión con el dinero y que le pagaría en cuanto llegara. Después de que el dueño accedió a esperar, Manuel fue al almacén de víveres de al lado y consiguió emparedados de salchichón y Coca Colas para todos los delegados, también al crédito. En cuanto llegaron los delegados, Manuel les explicó lo que había hecho y todos metieron mano en el bolsillo e hicieron su contribución. A fin de cuentas hubo suficiente dinero para pagar el teatro y la comida, y hasta sobró un poco. La primera convención del sindicato podía comenzar.

La primera actividad del día era desplegar la bandera del sindicato. Desde la marcha en Oxnard siguiendo la bandera de la Virgen de Guadalupe, César Chávez estaba convencido de que el movimiento de los trabajadores agrícolas necesitaba un símbolo que los uniera. Quería algo lo suficientemente llamativo como para ser reconocido a distancia. Y el diseño tenía que ser simple para que los trabajadores pudieran hacer la bandera por su cuenta.

A Chávez y sus asistentes se les ocurrió un diseño basado en la bandera roja y negra que los trabajadores en México tradicionalmente usaban cuando estaban de huelga. Como símbolo adoptaron el águila, ave sagrada de los aztecas, los indios que reinaban en México antes de la conquista de los españoles en el siglo XVI.

El águila de la Asociación Nacional de Trabajadores Agrícolas sería de color negro sólido, las alas extendidas en línea recta, de modo que cualquiera podría hacer una copia razonablemente exacta. El águila se desplegaba en un círculo blanco; el resto de la bandera era roja.

Chávez mandó hacer una bandera enorme, de 16 por 24 pies. Antes del comienzo de la convención él y sus asistentes la extendieron sobre la pantalla de cine y la cubrieron con papel. Cuando todos los delegados estaban en sus asientos, Manuel Chávez arrancó el papel descubriendo la bandera. Hubo un jadeo colectivo por parte de los presentes. Todos quedaron impresionados pero no todos estaban satisfechos. Algunos vieron la bandera roja como símbolo del comunismo, a otros les recordaba la bandera nazi adoptada por Alemania durante el Tercer Reich de Hitler. A algunos no les gustaron los colores, sugiriendo que un águila dorada en un fondo azul hubiera resultado más agradable.

Chávez respondió a la crítica diciéndole a los delegados que la bandera podía significar lo que uno quisiera. "A mí me luce como un poderoso y bello símbolo de esperanza," afirmó. Manuel defendió la bandera en términos más directos. Dijo que el águila negra representaba la mala situación de los trabajadores, el blanco representaba la esperanza, y el fondo rojo simbolizaba la lucha y el sacrificio que los trabajadores tendrían que hacer para construir su sindicato. "¡Cuando esa maldita águila vuele," concluyó, "los problemas de los trabajadores agrícolas habrán sido resueltos!"

A algunos delegados les disgustó tanto la bandera que se fueron del sindicato de una vez para siempre. Los 150 que quedaron eligieron funcionarios y adoptaron una constitución. También decidieron que su lema sería: Viva la Causa. Se establecieron cuotas sindicales de $3.50 mensuales. Esta cantidad no era insignificante para un trabajador agrícola, pero Manuel Chávez convenció a su primo César de que si los trabajadores no hacían un sacrificio por pertenecer al sindicato, no le pondrían el esfuerzo necesario para llevarlo al éxito.

Las primeras semanas después de la convención fueron duras. Doscientos trabajadores habían firmado para pagar las cuotas, pero a los 90 días sólo quedaban 12. El reclutamiento empezó de nuevo, algunas veces con ayuda de fiestas y banquetes al aire libre a las que asistían 1,000 personas. En una ocasión Manuel Chávez reclutó a un nuevo miembro y le cobró la quota de $3.50. Cuando llamó a la oficina a los tres

La bandera roja, blanca y negra de la Asociación Nacional de Trabajadores Agrícolas se desplegó en la primera convención del sindicato en 1962. Algunos delegados creían que la bandera representaba el comunismo, otros el nazismo. Chávez defendió el diseño diciendo "para mí es un gran y bello símbolo de esperanza."

días para reportar su éxito, todos sabían lo del nuevo miembro. Su esposa acababa de morir y el sindicato tenía que pagarle $500, parte del programa del sindicato como beneficio en caso de muerte.

A pesar de todos esos reveses, Chávez y sus asistentes se dieron cuenta de que si lograban que una persona pagara su cuota sin falta por seis meses, tendrían un miembro fiel que nunca abandonaría al sindicato. Terminaron su primer año con optimismo. "Tuvimos tres años de trabajo duro," recordara Chávez, "Si en tres años no lo podíamos hacer, entonces no se podía hacer. Pero nos prometimos que si no lo podíamos hacer, nos echaríamos la culpa a nosotros mismos, no a los demás."

No tuvieron que culpar a nadie porque en tres años la Asociación Nacional de Trabajadores Agrícolas y César Chávez estarían envueltos en una lucha laboral que despertó la conciencia del país.

LA HUELGA

En 1966 el escritor John Gregory Dunne visitó una de las mayores plantaciones cerca de Delano, California, para ver cómo se cultivaban y cosechaban las uvas. "Los trabajadores están agachados debajo de las parras," escribió. "El aire no circula, y el intenso calor se hace intolerable. Nubes de jejenes y otros insectos salen de debajo de las hojas. Algunos trabajadores usan caretas, otros se atan pañuelos en la cabeza para absorber el sudor."

Cuando César Chávez apareció en el panorama en 1965, esos trabajadores estaban ganando sólo un dólar la hora. (En aquella época un trabajador agrícola ganaba como promedio $1,500 al año, mientras que el nivel federal de pobreza se había establecido en $3,000). Muchas plantaciones no disponían de servicios sanitarios en los campos. Los agricultores generalmente suministraban agua potable (nadie podía haber soportado el calor de 100 grados sin agua) pero muchas veces se la cobraban a los trabajadores, y los obligaban a beber de una misma taza de lata oxidada. Y si la falta de facilidades sanitarias no era lo suficientemente perjudicial para la salud, los trabajadores también estaban expuestos a los mortíferos productos

Dolores Huerta muestra desafiante el letrero que anuncia "Huelga." La Asociación Nacional de Trabajadores Agrícolas empezó su huelga contra los cultivadores de uvas en 1965 y luchó cinco años antes de lograr una resolución.

químicos con los que los agricultores rociaban las cosechas para combatir las plagas de insectos.

Los organizadores consideraban a los cosecheros de uvas buenos candidatos sindicales porque los viñedos requieren cultivo durante 10 de los 12 meses del año. Por lo tanto, los trabajadores de la uva constituían un grupo más estable que otros obreros de la agricultura que se trasladaban de cosecha a cosecha. También ganaban más que el trabajador migratorio corriente y tenían mayor interés generalmente en mejorar sus condiciones de vida. Además, la ley que permitía el uso de braceros había caducado en 1964 y el cuerpo de trabajadores se había estabilizado. El Comité Organizador de los Trabajadores Agrícolas, el sindicato de trabajadores agrícolas del AFL-CIO, había enviado a Larry Itliong, natural de las Filipinas, para organizar a aquellos de sus compatriotas que estuvieran trabajando en los viñedos de Delano. El 7 de septiembre de 1965 los trabajadores de El Comité Organizador de los Trabajadores Agrícolas se declararon en huelga.

Cuando los agricultores empezaron a reclutar trabajadores de otras nacionalidades, principalmente mexicanos, Itliong fue a ver a Chávez para pedir su

En 1965 los trabajadores de la uva ganaban tan sólo $1.00 la hora, laborando con temperaturas de 100 grados, y bajo condiciones sanitarias deplorables. A mediados de los años ochenta, después de 20 años de luchas obreras, los trabajadores representados por el sindicato de Chávez habían llegado a ganar $7.00 la hora, más beneficios médicos y retiro.

ayuda. Chávez no consideraba que su unión, la Asociación Nacional de Trabajadores Agrícolas, estaba en
condiciones de verse enfrascada en una huelga. Para
empezar, el sindicato tenía tan sólo $100 en su fondo
para huelgas. Pero Chávez se temía que si evitaba el
reto, su la organización nunca se recuperaría. Solicitó
un voto de huelga, y el 16 de septiembre, día de la
Independencia de México, los miembros de la Asociación Nacional de Trabajadores Agrícolas votaron
por unanimidad unirse a los filipinos en los piquetes.

John Gregory Dunne entrevistó a Wendy Goepel,
una de las primeras voluntarias en unirse a la causa del
sindicato, y anotó lo que ella recordaba del comienzo
de la huelga: Nunca olvidaré aquella primera mañana
. . . Todos llegamos a la oficina a las 3:30 de la mañana
a esperar a que la gente llegara. Todos estábamos muy
nerviosos. No sabíamos si iban a venir. Era como al
principio de una fiesta cuando los anfitriones se
preguntan si alguien va a venir, si pusieron la fecha
correcta, si las invitaciones se enviaron. Pero entonces
empezaron a llegar y César fue de uno en uno pidién-
doles que si traían alguna pistola, cuchillo o cualquier
otro instrumento cortante, lo pusieran en la oficina.

La advertencia de Chávez fue un aviso de que esta
huelga iba a ser diferente a todas las anteriores. No era
sólo que Chávez personalmente odiaba la violencia.
Como le explicó al escritor Peter Matthiessen, re-
chazar el uso de fuerza podía convertirse en fuente de
poder. "Si tienes una pistola y ellos también, te puedes
asustar porque la cuestión es a quién le tiran primero.
Pero si tú no tienes pistola y el otro sí, bueno, entonces
el de la pistola tiene una decisión mucho más difícil
que tú. Tú simplemente estás . . . bueno, de cuerpo
presente, y él es el que tiene que hacer algo."

Como organizador astuto y estudiante de la historia laboral, Chávez sabía que la Asociación Nacional
de Trabajadores Agrícolas, ahora llamado a dirigir la
huelga, no podía vencer a los agricultores en un

ataque abierto. No tenían ni el dinero ni el poder físico. Si se ponían a demostrar fuerza, la huelga terminaría como en el pasado—con los trabajadores encarcelados y apaleados, los líderes arrestados y echados del pueblo por los vigilantes. Chávez sabía que su mayor ventaja, aparte del valor de su gente, sería la conciencia del pueblo estadounidense.

En el primer día, 1,200 trabajadores se fueron a la huelga, afectando viñedos en un área de 400 millas cuadradas. Formaron piquetes a lo largo de los caminos que bordean los campos. Los huelguistas caminaban de un lado a otro llevando letreros con el águila negra de la Asociación Nacional de Trabajadores Agrícolas encima de la palabra "Huelga." Según marchaban, los huelguistas exhortaban a los trabajadores en los campos a unírseles.

Muchos agricultores reaccionaron violentamente. En una finca el agricultor apuntó con una escopeta a los huelguistas y los amenazó de muerte. Cogió los letreros y les prendió fuego, y como no se quemaban con suficiente rapidez, les disparó con su escopeta. Algunos agricultores caminaban con los huelguistas, dándoles rodillazos y codazos o tumbándolos al suelo; otros conducían sus tractores o camiones por los bordes de los campos, cubriendo a los piquetes con polvo y tierra.

En Delano, la policía vigilaba la pequeña oficina de la Asociación Nacional de Trabajadores Agrícolas en las calles Primera y Albany. Cada vez que alguien salía, la policía lo seguía, algunas veces preguntándole al trabajador qué era lo que estaban haciendo. La policía también empezó a fotografiar a los que estaban en los piquetes y a llenar informes sobre cada huelguista.

El sindicato respondió a los agricultores y a la policía con la actitud de no-violencia y haciendo gala de cooperación. Cada vez que la policía fotografiaba a Chávez, éste tomaba todo el tiempo posible, asegurándose de que hubieran escrito todo correctamente y haciendo preguntas sobre los varios aspectos del procedimiento, pudiéndolo a veces extender hasta una hora. También había grupos de trabajadores que a veces se levantaban a medianoche para conducir sus autos alrededor de los campos, obligando a la policía a trabajar día y noche.

Rápidamente Chávez comenzó a ampliar la base de la huelga. Arregló que un grupo de 44 huelguistas se dejaran arrestar por gritar "¡Huelga!" en los piquetes, y al día siguiente le habló a una gran asamblea en la Universidad de California en Berkeley. Los estudiantes de Berkeley, políticamente activos, acababan de lanzar su Movimiento por la Expresión Libre, exigiendo participación en la dirección de la universidad. Chávez les explicó que los piquetes arrestados habían estado luchando por su propio derecho a la expresión libre y les pidió a los estudiantes que donaran el dinero de su almuerzo al fondo de la huelga. De Berkeley fue a Mills College y a San Francisco State con el mismo mensaje. Al terminarse el día, el sindicato había recaudado $6,700 en billetes de a dólar.

Además de solicitar fondos, Chávez animó al público a ofrecerse de voluntario. Quería diversidad de gente, sin importarle sus puntos de vista político con tal de que estuvieran dedicados a La Causa. Más tarde comentó, "Si en el sindicato ahora no hubiera más que trabajadores agrícolas, nada más que trabajadores agrícolas mexicanos, sólo tendríamos el 30 por ciento de las ideas que tenemos. No habría fertilización cruzada, ni crecimiento. Es bello trabajar con otros grupos, otras ideas, otras costumbres. Así es como se lamina la madera."

Chávez tenía especial interés en atraer voluntarios de grupos como el Congreso de Igualdad Racial y del Comité Coordinador Estudiantil contra la Violencia que luchaban por los derechos civiles. Estos hombres y mujeres habían organizado en el sur manifestaciones de protesta ocupando establecimientos, además de marchando, y habían aprendido a reaccionar de manera no violenta a cualquier ataque o intimidación. Eran los instructores ideales para las tropas inexpertas del Asociación Nacional de Trabajadores Agrícolas.

Tal vez el paso más eficaz del sindicato, el que de veras enfocó la atención del país en la huelga, fue la decisión de boicotear las uvas de los agricultores principales. Miembros del Asociación Nacional de Trabajadores Agrícolas empezaron a ponerle piquetes a los muelles por donde se embarcaban las uvas al extranjero, lo que provocó que la Union Internacional de Estibadores y Almaceneros rehusara cargar las uvas a los buques.

En noviembre de 1965, el Asociación Nacional de Trabajadores Agrícolas refinó sus tácticas de boicoteo aún más. En lugar de caerle a todos los agricultores a la vez, se concentrarían en uno sólo. El sindicato escogió a la Industria Schenley, que tenía 3,350 acres bajo cultivo en Delano. A Schenley se le consideró especialmente vulnerable porque sólo una fracción de sus ventas anuales de $500 millones venía de la agricultura. Sus entradas principales eran producidas por los vinos y licores. El sindicato razonó que un boicot nacional de la marca Schenley tendría resultados. La compañía no iba a permitir que una parte tan pequeña de su negocio, los campos de uvas, fuera a poner en peligro todo su negocio, y por lo tanto no tardarían en llegar a un acuerdo con la Asociación Nacional de Trabajadores Agrícolas, dando así un ejemplo a los demás agricultores.

John Gregory Dunne describió cómo se emprendió esta operación:

"Chávez, con un mapa de los Estados Unidos en mano, escogió trece ciudades importantes del país como centros de boicot. De los trabajadores y voluntarios que más lo habían impresionado en los piquetes, escogió el grupo para el boicot, todos menores de veinticinco años. Se fueron de Delano sin un centavo, pidiéndole a automovilistas que los llevaran o yendo por tren, y llegaron a las ciudades donde tendrían su centro de operaciones. Chávez no le dió dinero a los boicoteadores, no sólo por necesidad sino para probar una teoría suya. Pensaba que si ellos no podían obtener lo suficiente para mantenerse a nivel de subsistencia, no podrían tampoco levantar fondos para el boicot o para establecer una organización. En la mayoría de las ciudades el cuerpo de boicoteo iba a las oficinas de los sindicatos locales y les pedían cuarto, comida, oficina, teléfono y cualquier otra ayuda que les pudieran dar. Por todo el país reclutaron unas 10,000 personas para repartir panfletos o llamar a vecinos, amigos, iglesias, y tiendas, pidiendo ayuda para el boicot."

Los agricultores seguían manteniendo que sus trabajadores eran felices y que Chávez tenía poco apoyo. Muchos lo acusaron de ser comunista. Sin embargo, el boicoteo estaba recibiendo atención nacional, el número de miembros de la Asociación Nacional de Trabajadores Agrícolas seguía aumentando, y los obreros organizados estaban abrazando la causa de los trabajadores agrícolas. En diciembre de 1965, el AFL-CIO le otorgó su apoyo oficial a la huelga de la uva en su convención anual. Al día siguiente, Walter Reuther, presidente del poderoso sindicato Trabajadores Unidos del Automóvil, dió un viaje especial a Delano para llevar un cheque por $5,000 y prometer su respaldo total. A estas horas la huelga estaba costando $40,000 al mes, y sin contribuciones de dinero, comida, ropa y otras necesidades, tanto de otros sindicatos como de ciudadanos corrientes, la Asociación Nacional de Trabajadores Agrícolas no hubiera podido continuar con efectividad.

Demostración de apoyo a los trabajadores agrícolas en un supermercado de Nueva York. El boicot de la uva de la Asociación Nacional de Trabajadores Agrícolas fue organizado en ciudades a través de los Estados Unidos.

El paso final de la Asociación Nacional de Trabajadores Agrícolas hacia la prominencia nacional ocurrió en marzo de 1966, cuando el Subcomité de Trabajo Migratorio del Senado de los Estados Unidos vino a Delano para investigar la huelga de la uva. El senador Harrison Williams, de New Jersey, firme aliado de los trabajadores agrícolas, era el presidente del subcomité, pero su más prominente miembro era Robert F. Kennedy.

En una ocasión durante el proceso Kennedy le preguntó al alguacil Leroy Gaylen por qué había arrestado a un grupo de piquetes que estaban siendo amenazados por los rompehuelgas. El alguacil respondió que quería evitar problemas. Al preguntarle de dónde le venía la extraña idea de arrestar a las posibles víctimas en lugar de a los victimarios, Gaylen respondió que consideró mejor simplemente eliminar la causa del conflicto. Cuando el senador Williams anunció una pausa para almorzar, Kennedy comentó ásperamente, "¿Pudiera sugerir que mientras tanto . . . el alguacil y el fiscal del distrito lean la Constitución de los Estados Unidos?"

Antes de irse de Delano, Kennedy declaró que apoyaba al sindicato incondicionalmente. Si la Asociación Nacional de Trabajadores Agrícolas necesitaba algo más para ganarse el respeto del público de los Estados Unidos, esta asociación con el aura de los Kennedy surtió efecto. Kennedy y Chávez forjaron un lazo personal que duró hasta la muerte del senador, y aún más allá.

El día después de la audiencia, la Asociación Nacional de Trabajadores Agrícolas decidió enfrentarse al estado de California. La legislatura del estado había promulgado una ley garantizándole a compañías como Schenley un precio mínimo por sus licores, pero no había hecho nada, en opinión del sindicato, para garantizarles un jornal decente a los trabajadores. Por lo tanto, los huelguistas iban a marchar 250 millas a Sacramento, la capital del estado, para presentarle sus quejas al gobernador. La marcha iba a durar 25 días, llegando a Sacramento el día de Pascua Florida.

La llegada se planeó para el día de Pascua Florida con toda intención, por su simbolismo religioso.

Walter Reuther (centro), presidente de los Trabajadores Unidos del Automóvil, fue a Delano en 1966 para mostrar el apoyo de su sindicato a la Asociación Nacional de Trabajadores Agrícolas. La huelga estaba costando $40,000 al mes y la ANTA no hubiera podido mantener la lucha sin donativos de dinero y alimentos.

Chávez había descubierto el poder casi místico de las marchas durante sus días en Oxnard, donde los trabajadores marcharon con velas cantando himnos, y decidió sacarle a esta marcha todo el provecho posible.

Sesenta y siete miembros del sindicato empezaron la marcha desde la calle principal de Delano. La policía trató de evitar que atravesaran el pueblo, pero tuvieron que ceder cuando los que marchaban indicaron que estarían dispuestos a esperar un año si fuera necesario, pero que no se iban a echar para atrás. Y así los trabajadores pasaron por Delano y entraron al valle de San Joaquín, caminando en fila de uno en uno detrás de la bandera de los Estados Unidos, la bandera de México, y el gallardete de la Virgen de Guadalupe. Muchos de ellos traían sus propias banderas hechas en casa, con el águila negra de la Asociación Nacional de Trabajadores Agrícolas o simplemente con la palabra "Huelga."

Marcharon 21 millas el primer día, llegando al pueblo de Duroc. Dormían donde podían. Chávez había estado demasiado ocupado para conseguir zapatos que le ajustaran bien, y al fin del día tenía un tobillo hinchado y una enorme ampolla en un pie. Para darle énfasis a los elementos de la penitencia y de la resistencia de la marcha, Chávez rechazó todo remedio contra el dolor. Al segundo día su pierna derecha estaba hinchada hasta la rodilla, y después de una semana de marcha se sentía tan mal que tuvo que seguir en una camioneta.

A pesar de los dolores que Chávez sufría, la acogida que recibieron los manifestantes tiene que haberle complacido. Cada vez que llegaban a un pueblo, las gentes salían a saludarlos, muchas veces en son de fiesta, con guitarras y acordeones, y el sindicato celebraba una reunión en el parque local. Los manifestantes explicaban sus objetivos y distribuían copias de la promesa de boicoteo a Schenley, que decía así:

En marzo de 1966 los trabajadores agrícolas en huelga marchan las 250 millas de Delano a Sacramento, capital del estado de California, a fin de conseguir el apoyo de funcionarios estatales. Entre las banderas de los Estados Unidos y México llevaban el gallardete de la Virgen de Guadalupe, patrona de los trabajadores agrícolas mexicanos.

"No compraré productos Schenley mientras dure la huelga de los trabajadores agrícolas de Delano. Ponte a tiro, Schenley y negocia. Reconoce a la Asociación Nacional de Trabajadores Agrícolas."

Al noveno día de la marcha Chávez se sintió lo suficiente bien para caminar con bastón, y siguió adelante. La marcha había atraído el interés de la prensa, que la cubrió de tal manera que en cada pueblo la recepción fue mayor. En Fresno, por ejemplo, el alcalde ofreció un almuerzo a los manifestantes y designó a media docena de policías vestidos de paisanos a conseguirle a las tropas de Chávez cualquier cosa que necesitaran. En Modesto, William Kircher, del AFL-CIO, montó un despliege de apoyo de otros sindicatos. En Stockton 5,000 personas salieron a saludar a los manifestantes.

Pero lo más importante fue una llamada telefónica que Chávez recibió en Stockton. La llamada era de Sidney Korshak, de Schenley, diciendo que la compañía estaba dispuesta a firmar un contrato con el sindicato. Chávez, no creyendo que la llamada era legítima, colgó el teléfono. Korshak volvió a llamar, y

Chávez le volvió a colgar. Por fin se convenció cuando Korshak llamó por tercera vez. Montó en el coche a la 1:00 de la mañana y se durmió sin demora en el asiento trasero, mientras que el reverendo Chris Hartmire conducía el coche hacia Los Angeles para la reunión con Schenley.

Cuando Chávez llegó a la opulenta casa de Korshak en Beverly Hills, se encontró a Bill Kircher y otros funcionarios del AFL-CIO. Todos tenían intención de firmar el acuerdo con Schenley. Chávez les hizo saber a Korshak y a los demás que al menos que Schenley firmara exclusivamente con la Asociación Nacional de Trabajadores Agrícolas, el boicoteo continuaría. La gente del AFL-CIO trataron de convencer a Chávez pero no lograron nada. "Uds. tienen que estar bromeando," Chávez recordó haberles dicho, "¿Uds. me quieren decir que les dé un contrato cuando fuimos nosotros los que luchamos, sangramos y sudamos por él? ¡Uds. están locos!"

Finalmente, a Bill Kircher, que había luchado por los trabajadores agrícolas en el pasado, se le ocurrió un arreglo: la Asociación Nacional de Trabajadores Agrícolas firmaría el contrato y Kircher firmaría como testigo por el AFL-CIO. Se redactó el acuerdo y se firmó debidamente. Schenley reconoció al sindicato, aceptó la propuesta de una sala sindical para la contratación de trabajadores, concedió un aumento de jornal inmediato de 35 centavos la hora, y estableció contribuciones automáticas a la unión de crédito de la Asociación Nacional de Trabajadores Agrícolas. Con el acuerdo asegurado, Chávez volvió a su auto y se dirigió al norte para reunirse con los manifestantes.

Cuando los manifestantes finalmente llegaron a Sacramento el día de Pascua Florida, estaba lloviendo, pero 10,000 personas habían venido para saludarlos. Sólo 50 de los 67 que salieron de Delano llegaron a Sacramento, pero esos originales se perdían entre la

El domingo de Pascua Florida de 1966, 10,000 personas saludan a los manifestantes de la Asociación Nacional de Trabajadores Agrícolas en Sacramento. Dirigiéndose a la jubilosa muchedumbre, Chávez anunció que el sindicato había llegado a un acuerdo con Schenley Industries, logrando el primer contrato para trabajadores agrícolas en la historia de los Estados Unidos.

muchedumbre que se les había unido en la última etapa, ansiosa de participar en ese acontecimiento tan dramático. (Los organizadores del sindicato, sin embargo, se aseguraron de que los originales estuvieran al centro de la plataforma en la asamblea final.) El sindicato le había pedido al gobernador Edmund G. "Pat" Brown que se reuniera con ellos a su llegada, pero Brown, bajo fuerte presión de los agricultores, decidió irse de fin de semana. Los manifestantes y sus simpatizadores, impasibles, se reunieron frente al edificio del capitolio del estado.

Y allí, en la escalinata del capitolio, Chávez pudo anunciar el acuerdo histórico con Schenley. Con excepción de un acuerdo que se había firmado en Hawaii con los trabajadores de la piña, el contrato con Schenley fue el primero negociado con trabajadores agrícolas norteamericanos. Lo ganó un sindicato que se había iniciado hacía cuatro años con un solo miembro y $1,200.

VICTORIA EN DELANO

Cuando Chávez regresó a Delano con el contrato
de Schenley en el bolsillo, no tenía ninguna ilusión
de que los otros agricultores iban a firmar uno también. El sindicato tendría que luchar contra ellos con
la misma tenacidad como lo hiciera contra Schenley.
El próximo objetivo sería la Corporación DiGiorgio,
cuyo Rancho Sierra Vista en Delano cubría 4,400
acres. Al igual que Schenley, para DiGiorgio la agricultura representaba sólo una fracción de sus entradas.
La mayor parte de sus ingresos venían de la venta
de productos alimenticios White Rose y S & W,
conocidos en todo el país. Un boicot nacional, por
lo tanto, debería ser tan efectivo como lo había sido
el de Schenley.

Pero había una diferencia importante entre
DiGiorgio y Schenley. DiGiorgio tenía una larga
historia de romper huelgas, por cualquier medio
que fuera necesario. En 1939, 1947 y 1960, por
ejemplo, DiGiorgio, con influencia política, había
obtenido órdenes judiciales en contra de los piquetes
y trajo a rompehuelgas para trabajar en los campos.
Durante esas luchas los huelguistas fueron desalojados
de sus campamentos de trabajo, golpeados por la

policía y por vigilantes, y aún metidos en coches y sacados del condado.

La Asociación Nacional de Trabajadores Agrícolas, impasible, le puso piquetes al Rancho Sierra Vista y un boicot nacional a DiGiorgio tres días después de celebrar el contrato con Schenley. El boicot tuvo un efecto inmediato. Según explicó Chávez, "mucha gente había luchado contra DiGiorgio en los años treinta, cuarenta y cincuenta, y empezaron a salir de todas partes para hacerle frente, tanto en Chicago, como en San Francisco y Nueva York."

La compañía no tardó acceder a negociar con el sindicato sobre las reglas del trabajo y el procedimiento para celebrar elecciones para la representación sindical. Pero Chávez inmediatamente suspendió las negociaciones cuando se enteró de que guardias armados de Sierra Vista habían amenazado y después golpeado a dos de los piquetes de la Asociación Nacional de Trabajadores Agrícolas. "¡Que me parta un rayo si voy a negociar con Uds. mientras estén apaleando y encarcelando a los nuestros!" le dijo a DiGiorgio.

DiGiorgio logró que Chávez volviera a las negociaciones desarmando a los guardias, y negociaron de tan aparente buena fe que Chávez se convenció de que podía levantar el boicot. Pero en seguida descubrió su error, ya que la compañía tenía un plan en reserva. DiGiorgio accedió a elecciones en los campos porque esperaba que no las iba a ganar la Asociación Nacional de Trabajadores Agrícolas sino los Teamsters (tronquistas).

El sindicato de los Teamsters, que representa a los trabajadores del transporte y otras industrias, era uno de los más poderosos del país. También uno de los más corruptos. Bajo la dirección de Dave Beck y su sucesor Jimmy Hoffa, el sindicato había sido acusado repetidas veces, en sesiones del congreso, en las cortes, y por la prensa, de malversar los fondos de las pensiones y de emplear poderosos miembros del hampa para ayudar en la organización y para controlar ciertas industrias. (En 1966 Beck estaba preso, Hoffa después también estuvo en la cárcel y desapareció en 1975, presunta víctima de un asesinato del hampa.) Los Teamsters eran una vergüenza tan grande para el movimiento obrero que en 1957 el AFL-CIO decidió expulsarlos de sus filas.

Los Teamsters, sindicato independiente con ansias de poder, estaban más que interesados en extender su influencia. A cambio de ser reconocidos (y con más cuotas sindicales entrando en caja), estaban dispuestos a ofrecerles a los agricultores ese tipo de contrato que favorece al patrón y no al trabajador. Ya lo habían hecho en California con anterioridad. En 1961 los Teamsters firmaron un contrato con la firma Bud Antle, Inc., truncando la huelga de los cosechadores de lechuga. Un año después la compañía obtuvo un préstamo de un millón de dólares del fondo de pensiones de los Teamsters. Chávez sabía de esos negocios y, como comentó con pesar, "DiGiorgio también."

DiGiorgio no sólo se valió de la ayuda de los Teamsters. Como había hecho en el pasado, fue a las cortes y el 21 de mayo de 1966 obtuvo una orden judicial prohibiendo los piquetes. Esa orden le permitió a DiGiorgio enviar reclutadores a Tejas y México y traer autobuses llenos de rompehuelgas, sin temor de que los piquetes del sindicato les negaran la entrada. Como toque final, la compañía exigió a los nuevos trabajadores firmar tarjetas de autorización a favor de los Teamsters.

Chávez convocó una junta del sindicato y solicitó sugerencias. Nadie tenía ninguna, aparte de la idea que había llegado la hora de usar violencia, pero esta fue categóricamente rechazada por los miembros. Poco después de la junta, tres mujeres vinieron a ver a

Chávez con una sugerencia típica de la Asociación Nacional de Trabajadores Agrícolas. Como no se podían levantar piquetes a las puertas de DiGiorgio, ¿no se pudiera celebrar allí una misa?

Chávez se inspiró de inmediato. "Me puse en contacto con Richard (Chávez) y le pedí que construyera una pequeña capilla en mi vieja camioneta. Se hizo una especie de altar con un cuadro de Nuestra Señora de Guadalupe, algunas velas y flores. Trabajamos como hasta las 2:00 de la mañana. Lo estacionamos del otro lado de la calle frente a la entrada de DiGiorgio y empezamos una vigilia que duró casi dos meses. Día y noche había gente allí.

Al principio sólo venían miembros del sindicato, pero poco a poco los trabajadores de los campos venían como a escondidas para rezar en la vigilia. Entonces los huelguistas les explicaban lo que el sindicato estaba tratando de hacer y los persuadían a firmar tarjetas de autorización para el Asociación Nacional de Trabajadores Agrícolas. "Fue un bello ejemplo del poder de la no violencia," afirmó Chávez.

La marea empezó a cambiar a favor del sindicato. En junio 16 el juez Leonard Ginsburg declaró inválida

Helen Chávez dió su total apoyo al plan de su esposo de crear un sindicato de trabajadores agrícolas. "Nunca dudé de que iba a tener éxito," dijo más tarde. Pero teniendo que criar a ocho hijos y pagar las cuentas, Helen Chávez no tuvo mucho tiempo para marchar en piquetes de protesta.

la orden judicial que prohibía los piquetes. Al mismo tiempo la Asociación Política Mexicano-Americana, a instancias de Dolores Huerta, de la Asociación Nacional de Trabajadores Agrícolas, estaba instando al gobernador Brown a ayudar a los trabajadores agrícolas. Por fin, después de nuevas gestiones de Bill Kircher, del AFL-CIO, el gobernador Brown nombró a un arbitrador independiente para decidir la validez de las elecciones sindicales en DiGiorgio. El arbitrador, Dr. Ronald Haughton, de la Universidad del Estado de Wayne en Michigan, recomendó una serie de reglas para las elecciones y las fijó para el 30 de agosto.

Para conseguir apoyo en esta lucha decisiva contra los Teamsters, la Asociación Nacional de Trabajadores Agrícolas se dió cuenta de que finalmente tenía que formalizar su alianza con el AFL-CIO. Chávez, por lo tanto, acordó combinar la Asociación Nacional de Trabajadores Agrícolas con el Comité Organizador de los Trabajadores Agrícolas. El nuevo sindicato sería conocido como el Comité Organizador de los Trabajadores Agrícolas Unidos. La incorporación enfadó a algunos de los partidiarios más radicales de la Asociación Nacional de Trabajadores Agrícolas que no querían tener nada que ver con los viejos sindicatos. Pero la mayoría de los miembros se dió cuenta que los trabajadores agrícolas no se podían enfrentar a los Teamsters sin un sólido apoyo.

La incorporación necesitó algunos cambios. Los organizadores del Comité Organizador de los Trabajadores Agrícolas estaban ganando $125 a la semana, mientras que los de Chávez seguían con $5 a la semana, más cuarto y comida. Casi todos los organizadores del Comité Organizador de los Trabajadores Agrícolas renunciaron, con excepción del fiel partidiario Larry Itliong. A algunos hubo que forzarlos a que se fueran. "Un tipo tenía un Cadillac," recordaba Chávez. "Yo le dije '¡No vas a venir a

William Kircher, director de organización del AFL-CIO, con Dolores Huerta en una audiencia con el Senado de los Estados Unidos en Washington, D.C.

organizar conmigo en un condenado Cadillac! O te deshaces del Cadillac o te vas del sindicato.' Pues se fue del sindicato."

Algunas de las ventajas de pertenecer al AFL-CIO se vieron en seguida, cuando los Teamsters empezaron a traer matones a Delano para intimidar a los miembros del Comité Organizador de los Trabajadores Agrícolas Unidos. Bill Kircher llamó rápidamente a Paul Hall, jefe del Sindicato Internacional de Marinos Mercantes. Según contó Kircher, "A menos de diez horas de mi llamada, llegaron a Delano unos catorce miembros del Sindicato de Marinos Mercantes. Debieras haber visto a algunos de ellos. Había un negro que tenía una cintura de veintidós pulgadas y un pecho de setenta. . . . algunos de los otros también lucían impresionantes. . . . Desde que llegaron nunca tuvimos un momento de violencia."

Cuando se celebraron las elecciones, el COTAU derrotó a los Teamsters 530 a 331.

El sindicato victorioso no se tomó tiempo para descansar. Los líderes decidieron caerle a Giumarra, el mayor agricultor de uvas de mesa. Después de varios meses de esfuerzos inútiles por negociar un acuerdo, el sindicato finalmente declaró la huelga contra Giumarra el 3 de agosto de 1967. En diciembre se proclamó otro boicoteo nacional, con la misma efectividad que el de Schenley. En la ciudad de Nueva York, por ejemplo, el alcalde John Lindsay prohibió a todas las agencias del gobierno comprar uvas de California. Pero Giumarra, al igual que DiGiorgio, resultó ser un antagonista formidable. Para evitar el boicot, la compañía le cambió los rótulos a las cajas, comprándole algunos a otras compañías e inventando los otros. Falsificar rótulos era contra las regulaciones del estado pero la compañía lo hizo con impunidad. La táctica les permitió venderles uvas a tiendas que de otro modo lo las hubieran aceptado.

Después de un año de huelga contra Giumarra, con las negociaciones entre la compañía y el sindicato estancadas, Chávez empezó su ayuno de 25 días. Era una época en que las energías del sindicato estaban fallando. Parecía imposible vencer a los agricultores sin violencia. Pero el ayuno ayudó a cambiar la dirección

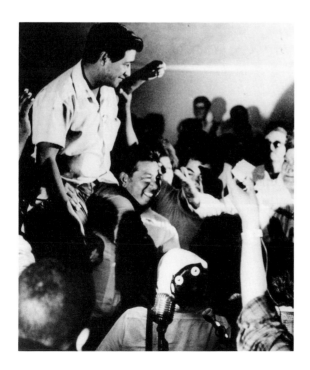

El estado de California organizó elecciones en septiembre de 1969, permitiendo a los trabajadores del Di Giorgio Corporation a escoger entre los Teamsters y la Unión de Trabajadores Agrícolas. Aquí se ve a Chávez y sus colaboradores, jubilosos al conocer que ganaron con 530 votos sobre 331.

de los eventos, convenciendo a los miembros del Comité Organizador de los Trabajadores Agrícolas Unidos de apoyar a Chávez y reafirmando la justicia de la causa de los trabajadores agrícolas. Según lo resumió Peter Matthiessen: "Sin duda alguna, el ayuno dió resultado. Les mostró a los trabajadores agrícolas que Chávez le daba mucha importancia a no aplicar violencia, que su actitud no era sólo una táctica para ganarse el apoyo del público, y les enseñó lo que significaba no aplicar la violencia."

Para 1969, los agricultores daban señales definitivas de estarse debilitando. El boicoteo había tenido un grave efecto en sus negocios; hasta se había extendido a Europa, donde estibadores sindicalizados se negaron a descargar las uvas de California de los barcos. Debido a la disminución de ventas el número de agricultores se redujo de 200 a 60 en sólo 5 años y el número total de acres bajo cultivo disminuyó de 13,000 a 7,500. En un pleito iniciado en abril contra el sindicato, los agricultores afirmaron que el boicoteo les había costado $25 millones en pérdida de ventas. Finalmente un grupo de agricultores del valle Coachella, encabezados por Lionel Steinberg, accedió a negociar con el sindicato.

Los agricultores parecían estar dispuestos a firmar un contrato, pero Chávez no se sentía satisfecho con lo que estaban ofreciendo. Estaba convencido de que si el sindicato mantenía la presión, los trabajadores se llevarían algo mucho mejor. Con esa posición, Chávez se enemistó no sólo con los agricultores sino con muchos de sus partidiarios en el movimiento obrero, en el gobierno, y en las iglesias, que pensaron que después de cuatro años de lucha era hora de llegar a un acuerdo. Pero Chávez tampoco había olvidado esos cuatro años. Según comentó más adelante, "Steinberg se creyó que por estar dispuesto a hablar con nosotros, nos estaba haciendo un favor. . . . Se le olvidaron los cuatro años de hacernos pasar malos ratos, de ignorar los deseos de la gente ... de despedir a los trabajadores y traer rompehuelgas."

Chávez se vió reivindicado en parte cuando dos compañías que Steinberg administraba, y de las que era parcialmente propietario, aceptaron los términos del sindicato: $1.75 la hora y 25 centavos por caja, con 10 centavos la hora para el fondo médico y benéfico y 2 centavos la hora para un fondo en beneficio de trabajadores que perdían su trabajo por vejez o por la introducción de maquinaria.

Steinberg hizo lo posible para que los otros agricultores también firmaran, pero este era un grupo obstinadamente opuesto a los sindicatos. Muchos de los principales agricultores, los Giumarras, los Dispotos, los Kovaceviches, eran hijos de inmigrantes europeos que en muchos casos habían llegado a los Estados Unidos sin un centavo y habían hecho florecer sus fincas a base de años de duro trabajo. Como sus padres, eran individualistas rudos, que no estaban dispuestos a que nadie les dijera lo que podían o no podían hacer. En Chávez encontraron un adversario igualmente tenaz, igualmente obstinado, igualmente acostumbrado al trabajo duro. John Gregory Dunne, que fue a Delano para escribir sobre la huelga, hizo las siguientes observaciones del carácter de Chávez: "Lo curioso es que a César Chávez no lo entienden ni los que lo quieren canonizar ni los que lo condenan . . . virtudes de santo no le faltaban . . . pero Chávez también tenía las virtudes del líder obrero, menos aplaudidas por el público tal vez, pero no menos admirables cuando había que enfrentarse a dificultades—una voluntad de hierro, una cierta insinceridad, y la habilidad de no ceder en los momentos precisos."

A final de cuentas, la visión de Chávez de cambiar el futuro se sobrepuso a las pasiones de los agricultores por mantener las cosas como estaban. El boicot era implacable; por todo el país el público rehusaba comprar uvas a menos que la caja tuviera la inconfundible águila negra del Comité Organizador de los Trabajadores Agrícolas Unidos. Uno a uno, los agricultores empezaron a comunicarse con el sindicato. Chávez vió las gotas tornarse en torrente:

"Al día siguiente de haber firmado, (Kaharadian, uno de los principales agricultores) vendió 10,000 cajas en cinco horas. En tres días vació su frigorífico. Y eso no era todo. Uvas con el águila del sindicato en la caja se vendían a cincuenta, hasta a setenta y cinco centavos más por caja.

"Empezamos a recibir de cinco a diez llamadas diarias de agricultores preguntando, '¿Qué tengo que hacer para ponerle ese pájaro a mis uvas?'

"Les dijimos, '¡Si firman el contrato, le damos el pájaro!' El águila echó a volar."

El éxito final no vino hasta el 17 de julio de 1970. Ese día, 23 grandes productores anunciaron que estaban dispuestos a negociar. Controlaban el 42 por ciento de las uvas cultivadas en California y entre ellos estaban los adversarios más tenaces del sindicato.

Las negociaciones se llevaron a cabo en el Holiday Inn en Bakersfield. A pesar de los esfuerzos de los obispos católicos de California en las mediaciones, no fue nada fácil lograr un acuerdo después de cinco años de conflicto. Después de una semana de discusiones, los Giumarra, padre e hijo, llamaron al sindicato a la 1:00 A.M. solicitando una inmediata reunión privada.

Chávez, atormentado por sus dolores crónicos de espalda, no estaba muy entusiasmado, pero así todo fue al Stardust Motel en Delano para reunirse con los Giumarras. John Giumarra Sr. también tenía problemas con la espalda, y los dos hombres hablaron de sus sufrimientos y de los varios tratamientos que habían probado. Después se dispusieron a llegar a un acuerdo.

El 29 de julio de 1970, en el motel Stardust de Delano, César Chávez y John Giumarra firman de acuerdo un contrato que pone fin oficial a la huelga de la uva, que duró cinco años.

Al día siguiente, los Giamarras reunieron a los agricultores y Chávez a su grupo de negociadores. Después de 24 horas más discutiendo los detalles, las dos partes llegaron a un acuerdo: Habría un salón de contratación de trabajadores, protección para los trabajadores contra los pesticidas, jornales de $1.80 la hora (subiendo a $2.05 para 1972), 10 centavos la hora para el fondo de salud y beneficiencia Robert F. Kennedy, y 2 centavos la caja para un fondo de desarrollo económico.

La huelga de la uva terminó oficialmente el 29 de julio. Los trabajadores agrícolas habían ganado una gran victoria, pero no tuvieron tiempo para disfrutarla. Casi inmediatamente se vieron enfrascados en una desesperada lucha por la supervivencia en los campos de lechuga en Salinas.

ENFRENTÁNDOSE A LOS TEAMSTERS

En julio de 1970 cuando los negociadores del Comité Organizador de los Trabajadores Agrícolas Unidos disfrutaban de unas cervezas en el motel Stardust de Delano, celebrando su victoria en la huelga de la uva, irrumpió en la reunión un miembro del sindicato con las ltimas noticias que acababan de dar por la radio. Los Teamsters habían firmado 30 contratos con productores de lechuga en el valle de Salinas. El periodista Jacques Levy, que estaba presente, anotó en su libretita: "Eso pone fin a la fiesta."

La gente del Comité Organizador de los Trabajadores Agrícolas Unidos estaba enojada y preocupada. Si los Teamsters se podían salir con la suya con sus tácticas clandestinas, eventualmente todo los agricultores en California estarían negociando con ellos a expensas de los trabajadores agrícolas. Toda la labor del Comité Organizador de los Trabajadores Agrícolas Unidos habría sido en balde.

Chávez se estaba preparando para el desafío. Había empezado a organizar a los trabajadores de la lechuga hacía cuatro años y sabía que el sindicato tarde o temprano iba a tener una confrontación

El 24 de agosto de 1970, los cosecheros de lechuga de la Unión de Trabajadores Agrícolas se fueron a la huelga en Salinas, California. El sindicato llamó a la huelga porque los productores de lechuga estaban firmando contratos con los Teamsters que beneficiaban a los productores a expensas de los trabajadores.

83

decisiva con los Teamsters. Delano no había sido más que una escaramuza.

Además de los Teamsters y los agricultores, poderosos intereses políticos se oponían al sindicato. El ultraconservador Ronald Reagan había derrotado a Pat Brown en las elecciones gubernamentales de 1966. Mientras que Brown trataba de mantenerse neutral durante las luchas de los trabajadores agrícolas, Reagan aclaró que sus simpatías estaban con los agricultores. A nivel nacional sucedió lo mismo. Richard Nixon estaba en la Casa Blanca y Nixon tenía lazos estrechos con los Teamsters y su nuevo presidente, Frank Fitzsimmons. El Comité Organizador de los Trabajadores Agrícolas Unidos no podía esperar ayuda ni del estado de California ni del gobierno federal.

A fines de julio, Chávez reunió una gran asamblea en Salinas y retó al gobernador Reagan, que había pedido que los trabajadores agrícolas votaran para decidir qué sindicato querían, a que procediera y organizara las elecciones. Después acusó a los productores de lechuga y a los Teamsters de una "gran traición a las aspiraciones de aquellos hombres y mujeres que habían sacrificado sus vidas durante tantos años para enriquecer a algunos pocos en este valle. . . . Es trágico que esos hombres no han llegado a comprender que estamos en una nueva época, una era en la que un par de hombres blancos ya no se podían reunir y dictar los destinos de todos los trabajadores chicanos y filipinos del este valle."

Como se esperaba, el gobernador Reagan evadió la oferta de Chávez de que se celebraran elecciones. Al sindicato no le quedó otro remedio que dirigirse a los agricultores que habían firmado con los Teamsters. Una vez más, la huelga y el boicot salieron a relucir como las armas más importantes. No resultó difícil organizar a los trabajadores cuando éstos

Una voluntaria de la Comité Organizador de los Trabajadores Agrícolas Unidos le muestra a un pasajero del tren subterráneo de Nueva York dónde firmar su petición apoyando el boicot de la lechuga iniciado por el sindicato. El boicot surtió efecto, pero los agricultores de lechuga, con el apoyo de los Teamsters, eran unos contrincantes muy tenaces.

averiguaron que los Teamsters habían firmado un contrato que estipulaba un aumento de sólo medio centavo por hora.

No obstante las ventajas, el sindicato estaba en la línea de fuego. Donde quiera que iban los Teamsters había violencia, y Salinas no era excepción. Jerry Cohen, principal abogado del Comité Organizador de los Trabajadores Agrícolas Unidos, fue apaleado por dos matones mientras investigaba un paro, y otros miembros del sindicato sufrieron igual suerte. No fue tan fácil oponerse a esas tácticas violentas como en Delano, porque los Teamsters ahora se habían extendido por todo el valle de Salinas.

Aunque Chávez nunca se preocupó mucho por su seguridad personal, sus asistentes lo habían convencido hacía algún tiempo de que al menos tomase las precauciones básicas. Su oficina en Forty Acres, Delano, estaba a prueba de fuego, con paredes de 10 pulgadas de espesor, y él había accedido a tener un perro guardián a todas horas, un pastor alemán llamado Boycott. En Salinas, Chávez usaba una oficina secreta a una cuadra de la oficina principal del sindicato. Jacques Levy describió el lugar como "una tiendecita vacía con un pequeño cuarto atrás. Por razones de seguridad, la vidriera y la puerta de vidrio del frente están pintadas. Nadie puede ver hacia adentro pero la luz que se filtra acenta lo sombrío y desolado del lugar, con sus paredes sucias y un par de escritorios destartalados y unas sillas. El cuarto de atrás lo ocupa totalmente una cama de hospital (usada por Chávez para aliviar su dolor de espalda). Una barra pesada de metal cruza de un lado a otro la puerta del fondo y sustituye la cerradura rota."

Tomadas estas precauciones, el sindicato empleó sus tácticas no-violentas con resultados casi inmediatos. El 26 de agosto de 1970, Chávez pidió un boicoteo nacional de las bananas Chiquita, distribuidas por United Brands, propietaria de InterHarvest. Ese mismo día la compañía solicitó negociaciones. En una semana el sindicato tenía un acuerdo con la InterHarvest que estipulaba un aumento a $2.10 la hora, bastante más que los $1.85 del contrato de los Teamsters.

Los Teamsters reaccionaron con más violencia. Los huelguistas reportaron que los habían amenazado con cadenas y bates de béisbol y les rompieron algunos parabrisas con piedras. En un caso, la InterHarvest no pudo mover sus camiones durante nueve días porque los Teamsters los habían bloqueado. Segn cálculos del Comité Organizador de los Trabajadores Agrícolas Unidos, los Teamsters tenían por lo menos 40 matones instalados en el Towne House, un hotel de Salinas. El jefe de ellos era un tal Ted Gonsalves; lo habían traído de la oficina local de los Teamsters en Modesto. El se paseaba por Salinas en una lujosa limosina negra.

En una ocasión, Gonsalvez convenció a Bill Kircher, del AFL-CIO, a que fuera a una habitación del Towne House que luego rodeó de matones. Si pensó poder intimidar a Kircher, Gonsalves calculó mal. Kircher había tomado la precaución de volver a llamar a los marinos mercantes; un grupo de éstos vino y botó a los Teamsters. Acto seguido, Kircher llamó al alcalde de Salinas, al administrador municipal y al jefe de la policía. Les dijo que si no le ponían freno a los Teamsters, el AFL-CIO cerraría los puertos de Los Angeles y San Francisco y traería hasta al último marino mercante de la costa del oeste a Salinas para hacerle frente a los Teamsters. Los funcionarios de la ciudad prometieron que no habría más dificultades y que InterHarvest no iba a tener problemas en mover sus camiones.

Hubo violencia de ambas partes, cosa tal vez inevitable. En septiembre, la policía arrestó a tres miembros del Comité Organizador de los Trabajadores Agrícolas Unidos por dispararle a un organizador de los Teamsters en Santa María. Al hombre acusado de apretar el gatillo ya anteriormente le habían prohibido participar en los piquetes del Comité Organizador de los Trabajadores Agrícolas Unidos por haber atacado a otro con una tubería de plomo, y Chávez se sintió personalmente responsable. "Debí haber estado allí," insistió. Mejor que nadie se dió cuenta de que si el Comité Organizador de los Trabajadores Agrícolas Unidos descendía al nivel de la oposición, pronto lo perderían todo.

Tal vez como penitencia, así como para atraer apoyo para la lucha, Chávez decidió correr un riesgo personal. El sindicato había estado boicoteando la lechuga de Bud Antle, la primera compañía que se había unido a los Teamsters, y Antle había reaccionado obteniendo una orden judicial contra el boicot. Cuando Chávez rehusó levantar el boicot, se le acusó de desacato al tribunal y se le ordenó presentarse a juicio.

El 4 de diciembre de 1970 se celebró el juicio en Salinas. Dos mil trabajadores de todo el estado llegaron a Salinas para asistir al juicio. Marcharon la milla de las oficinas del sindicato al edificio de los tribunales en fila doble, llevando banderas y velas, y llenaron el edificio y el patio. Jacques Levy describió la escena como sigue: "Están de pie, callados, algunas veces se arrodillan para rezar . . . por más de tres horas y media, hasta que termina el juicio, tan callados que nadie en la sala de la audiencia puede decir que hay dos mil trabajadores agrícolas dentro y alrededor del edificio.

En la sala del tribunal, Bill Carder, abogado del sindicato, argumentaba que la orden judicial era inconstitucional mientras que segn el abogado de Antle era válida y debía ser obedecida, aunque insistía que la compañía no quería ver a Chávez en la cárcel. Cuando el juez Gordon Campbell declaró una pausa de 10 minutos para considerar su decisión, Chávez no tenía duda del resultado. "Nos odia," le comentó a un asistente.

Cuando el juez Campbell regresó, leyó una opinión tan extensa que obviamente la había escrito antes del juicio. El resultado fue que Chávez iría a la cárcel por desacato al tribunal; la sentencia duraría hasta que Chávez cancelara el boicot. El juez también le impuso una multa de $10,000 pero la redujo, muy airado, cuando Bill Carder le recordó que la multa máxima en tales casos era de $500. Como era de esperarse, Chávez no se conmovió. Inmediatamente mandó la orden "¡Boicotéenlos hasta el infierno!"

Durante los primeros tres días Chávez se sintió muy mal en la cárcel porque quería estar afuera para participar en la lucha del sindicato. Después se dio cuenta de que no sobreviviría si no se adaptaba a la situación. Estableció un itinerario estricto para todas sus actividades—leer, hacer ejercicios, dormir, contestar correspondencia, asearse, meditar—y lo siguió fielmente.

Mientras tanto, en el parque frente a la cárcel, los trabajadores construyeron un altar en la parte de atrás

Dos mil trabajadores agrícolas fueron a Salinas para presenciar el juicio de Chávez. Durante el mes de diciembre, mientras Chávez estuvo preso, los trabajadores mantuvieron una vigilia las 24 horas del día en la acera de enfrente a la cárcel. Construyeron un altar provisional en la parte de atrás de una camioneta y celebraron misa todos los días.

de un camión alquilado. Juraron continuar la vigilia hasta que Chávez saliera de la cárcel, y uno de los hombres hasta propuso hacer ayuno mientras durara el encarcelamiento.

Antes de terminar los primeros dos días de cárcel, Chávez tuvo visitas prominentes. Una de las primeras fue Coretta Scott King, viuda del reverendo Martin Luther King, Jr. La campaña por los derechos civiles de King sin lugar a dudas le abrió el camino al movimiento de los trabajadores agrícolas, y durante la huelga en Delano, King le había enviado a Chávez un fervoroso mensaje de apoyo. "Ella no me lo dijo," comentó Chávez de la visita de Coretta King, "pero me di cuenta que le recordaba cuando su esposo estaba en la cárcel. A diferencia de las mujeres trabajadoras agrícolas, que venían y lloraban, ella consideraba estar en la cárcel como parte de la lucha."

Veinte días después de ser encarcelado, la Corte Suprema de California ordenó que se le pusiera en libertad hasta tanto no se hubiera re-examinado la causa. Nunca volvió. Cuatro meses después la corte dictaminó que la orden judicial del juez Campbell era inconstitucional y que el Comité Organizador de los Trabajadores Agrícolas Unidos tenía absoluto derecho de boicotear a Bud Antle.

Chávez salió de la cárcel el día de Noche Buena, y antes de fin de año las manipulaciones dudosas de los Teamsters salieron a relucir. Primero los trabajadores de las fábricas de conservas averiguaron que Ted Gonsalves había usado $24,000 de los fondos de su sindicato para luchar contra los trabajadores agrícolas en Salinas, y llevaron a Gonsalves a responder cargos ante la oficialidad de los Teamsters. Después, seis hombres vinculados a Gonsalves y la lucha contra el Comité Organizador de los Trabajadores Agrícolas Unidos fueron acusados de transportar armas y explosivos. Los Teamsters se vieron obligados a suspender a Gonsalves y poner las oficinas de Modesto bajo administración fiduciaria durante la investigación.

A fin de cuentas, Einar Mohn, director de operaciones de los Teamsters de la costa del oeste, se retiró de la lucha contra el Comité Organizador de los Trabajadores Agrícolas Unidos. "No queremos esos

Después de que los Teamsters se retiraron de Salinas, el acuerdo para resolver la huelga de la lechuga parecía posible. Pero los agricultores no tomaron en serio las negociacionnes y se suspendieron las deliberaciones con la Unión de Trabajadores Agrícolas. Aquí Chávez y el reverendo Jim Drake dirigen una reunión de simpatizadores del sindicato en el Foley Square de Nueva York.

contratos," le dijo a los agricultores. "Estamos fuera del juego."

Ya no había más obstáculos para las negociaciones del Comité Organizador de los Trabajadores Agrícolas Unidos con los agricultores de lechuga. Pero los agricultores se negaron a negociar mientras hubiera boicot. El sindicato declaró un moratorio al boicoteo y comenzaron las conversaciones. Cuando al cabo de cinco meses de negociaciones intensas, éstas no habían progresado, Chávez se convenció de que los agricultores no estaban actuando en serio, que estaban haciendo tiempo y evitando el boicoteo mientras buscaban maneras de destruir al sindicato. El 10 de noviembre de 1971, las negociaciones finalmente se detuvieron.

Durante las negociaciones agentes del Ministerio de Hacienda de los Estados Unidos le avisaron al sindicato que tenían pruebas de una confabulación para matar a Chávez. Segn un confidente de la policía, un grupo de agricultores del área de Delano le habían sacado un contrato por $25,000, Pero la policía arrestó al presunto asesino profesional, por otro asesinato cometido anteriormente, antes de que pudiera liquidar a Chávez, y el contrato fracasó. Después las autoridades perdieron interés en el asunto; segnúel sindicato, funcionarios de más categoría en Sacramento y Washington ejercieron presión para que no se continuaran las investigaciones. Pero Chávez se dió cuenta de que debía esconderse por un mes.

Cualquiera que fuera la verdad sobre el complot de asesinato, Chávez y el sindicato vieron claramente que no importa cuántas batallas le ganaran a los agricultores o sindicatos rivales, siempre habría otra lucha que entablar.

CAPÍTULO
OCHO

NUEVAS LUCHAS

En una conferencia de prensa en Miami, Florida, en 1972, Chávez anuncia el primer contrato para obreros migratorios en la historia de la Florida. El acuerdo con la División de Alimentos de la Coca Cola, negociado por Manuel Chávez, primo de César Chávez, cubría a 120 cosecheros de cítricos.

Chávez ahora comprendió que mientras más éxito tuviera el sindicato, más tenazmente se le opondrían sus adversarios en los negocios y en el gobierno. "Saben que una vez que nuestro movimiento gane," explicó Chávez, "tendrá poderes concretos en cuanto a los trabajadores, en lo que pueda hacer por ellos. . . . Y saben que eso no es todo. Saben que dentro de unos cuantos años los trabajadores agrícolas tendrán puestos en los ayuntamientos de las ciudades, en los consejos de los condados y en las cortes.

La administración de Nixon encabezó el ataque. En la etapa final de la huelga de la uva y durante el boicot de la lechuga, el Ministerio de Defensa había aumentado dramáticamente sus pedidos a los agricultores de California. Funcionarios del gobierno afirmaron que era una coincidencia, pero nadie dudaba que la Casa Blanca estaba haciendo lo posible por ayudar a los agricultores a derrotar a Chávez y los trabajadores agrícolas. Al acercarse las elecciones de 1972, Nixon y sus asistentes aumentaron sus esfuerzos por asegurarse el apoyo de los Teamsters así como de los agricultores, cuya industria tenía ventas de $4 billones al año.

Los gobiernos estatales también se estaban rindiendo a las presiones de los agricultores, y el Comité

Organizador de los Trabajadores Agrícolas Unidos
tenía que persuadir a los legisladores del estado de no
votar por leyes que perjudicaran a los trabajadores
agrícolas. Enérgicas campañas del sindicato en California y en la Florida, donde el Comité Organizador
de los Trabajadores Agrícolas Unidos desenmascaró a
contratadores de trabajadores deshonestos, le dió publicidad a una epidemia de tifo en un campamento de
trabajo que no tenía facilidades sanitarias adecuadas, y
lograron combatir a las fuerzas contrarias a los sindicatos. La lucha más dramática, sin embargo, se llevó a
cabo en Arizona.

Arizona tenía un significado especial para la familia Chávez. Allí habían vivido tiempos felices, pero
después los forzaron de sus tierras. Siempre pensaron
que los colectores de impuestos y los banqueros se
habían tomado un interés especial en desahuciar a los
mexicanos. Manuel Chávez, en particular, siempre
mantuvo la esperanza de algún día poder saldar la
cuenta. La oportunidad vino en mayo de 1972 cuando
el gobernador republicano de Arizona, Jack Williams,
firmó una ley en contra de los sindicatos antes de que
el fiscal general pudiera analizar su legalidad. Cuando
se le preguntó sobre los reparos de los trabajadores
agrícolas por esa acción tan precipitada, Williams con-
testó, "Para mí esa gente no existe."

Chávez respondió a esa declaración mudándose al
"barrio" en Phoenix y empezando un ayuno de 24
días. Este ayuno fue distinto al de Delano, ya que
los dolores no cesaron después de una semana;
siguieron hasta el fin. "Me sentía pésimamente mal,"
admitió más tarde. Más serio fue que su nivel de
ácido úrico aumentó considerablemente y su corazón
empezó a mostrar irregularidades. En una ocasión el
médico insistió en ingresarlo al hospital para estabi-
lizarlo. A pesar del peligro en que se encontraba,
Chávez destacó que estaba en ayunas principalmente

"por mi profunda convicción de que nos podemos comunicar con otros más pronto y con más efectividad espiritualmente que de cualquier otra manera, lo mismo con los que están con nosotros como con los que están en contra."

Mientras Chávez, en ayunas, hablaba con las muchas personas que venían a visitarlo, el sindicato estaba ocupado en el plano político. Los organizadores fueron de puerta en puerta con peticiones solicitando elecciones especiales para sacar al gobernador Williams de su puesto. Llegaron a acumular 108,000 firmas válidas, 5,000 más de las necesarias para el mandato de nuevas elecciones. El fiscal general del estado encontró la manera de bloquear las elecciones, pero el esfuerzo de los trabajadores agrícolas tuvo éxito a la larga. La campaña del sindicato por registrar a mexicanoamericanos y navajos fue tan efectiva, que tuvieron un impacto importante en las elecciones generales de 1972 al poner un número de los suyos en el gobierno. En 1974 eligieron a Raúl Castro, un demócrata, como gobernador. "Cambiamos al estado de Arizona," exultó Bill Soltero, un dirigente local del sindicato, admitiendo que todo empezó con el ayuno de Chávez.

Manuel Chávez no pudo tomar parte directa en la lucha de Arizona (aunque dirigió una huelga de trabajadores agrícolas en Yuma en 1974) porque estaba muy ocupado en la Florida. Sus esfuerzos tuvieron éxito en febrero de 1972, cuando el sindicato firmó un contrato histórico con la División de Alimentos de la Coca Cola, cubriendo trabajadores migratorios en los huertos de cítricos. Fue la primera vez en la historia que trabajadores migratorios de la Florida disfrutaran de un contrato. El mismo mes, el AFL-CIO decidió concederle una carta constitucional al Comité Organizador de los Trabajadores Agrícolas Unidos, que contaba ya con 30,000 miembros. La

independencia y los métodos poco convencionales de Chávez siempre habían molestado a George Meany, el brusco presidente del AFL-CIO, de 78 años, pero ahora no le quedó más remedio que aceptar el poder de la organización que Chávez había creado. Al recibir la carta, el sindicato decidió que se le conociera simplemente como Unión de Trabajadores Agrícolas.

El apoyo del AFL-CIO siguió siendo esencial porque la Unión de Trabajadores Agrícolas estaba enfrascado en encarnizadas batallas en California. Los productores de lechuga de Salinas nunca habían cedido, y en 1972 la Unión de Trabajadores Agrícolas sólo había organizado a unos 2,000 cosechadores de lechuga de un total posible de 80,000. Mientras tanto, los Teamsters entraron en acción y firmaron a 170 productores. Aún los agricultores de uvas, que habían hecho la paz con los trabajadores agrícolas en 1970, se dispusieron a firmar con los Teamsters al vencer sus contratos con la Unión de Trabajadores Agrícolas en 1973. A la Unión de Trabajadores Agrícolas no le quedó más remedio que un nuevo llamamiento a la huelga de cosechadores de lechuga.

George Meany (centro), presidente del AFL-CIO, le concedió un título oficial a la Unión de Trabajadores Agrícolas en 1972. Chávez acepta el documento de Meany en presencia del monseñor George C. Higgins, obispo católico que por muchos años había apoyado la causa de los trabajadores agrícolas.

Chávez describió las huelgas de 1973 como las más desesperadas y viciosas del sindicato. Los matones de los Teamsters estaban en todas partes y actuaban sin interferencia por parte de las autoridades. Y con más órdenes judiciales concedidas por las cortes, los piquetes eran los que iban a la cárcel, esta vez cientos de ellos. Después de gastar casi $3 millones de dólares del fondo de huelgas del AFL-CIO, la Unión de Trabajadores Agrícolas tuvo que suspender la huelga de la lechuga sin haber recuperado los contratos de los Teamsters. Un artículo en el *New York Times Magazine* resumió las inquietudes de los que apoyaban al sindicato con el titular "¿Ha sido derrotado Chávez?"

Tal vez era inevitable que la causa de los trabajadores agrícolas perdiera algo de su fascinación para el público, especialmente después de haber transcurrido cinco años sin una solución permanente. Pero Chávez y la Unión de Trabajadores Agrícolas estaban muy lejos de estar derrotados. Un mes antes de publicarse el artículo del *New York Times,* Richard Nixon, uno de los enemigos principales de la Unión de Trabajadores Agrícolas, había renunciado a la presidencia. Nixon había sido implicado en el escándalo de Watergate, que venía de un acto de robo, en 1972, en el cuartel general del Partido Demócrata en Washington. El nuevo presidente, antes vice-presidente, Gerald Ford, también era un republicano conservador, pero no le tenía mala voluntad a los trabajadores agrícolas.

Más importantes aún eran los cambios en la política de California. Ronald Reagan había completado su segundo término y los demócratas ganaron las elecciones de 1974. El nuevo gobernador era Edmund G. Brown, Jr., de 36 años, hijo del gobernador Pat Brown. Jerry Brown, como se le conocía, decidió resolver el problema laboral agrícola que su padre siempre trató de eludir. Después de extensas discusiones con el sindicato y grupos del comercio, promulgó el Legislación de Relaciones Laborales Agrícolas, la

primera declaración de derechos de los trabajadores agrícolas que se promulgara en los Estados Unidos.

La ley entró en vigor en agosto de 1975. En el otoño se efectuaron los comicios por toda California para determinar si los trabajadores de la agricultura deseaban ser representados por la Unión de Trabajadores Agrícolas, los Teamsters o no ser representados por ningún sindicato. Bajo la estrecha supervisión de los cinco miembros del Consejo de Relaciones Laborales Agrícolas, los trabajadores votaron a favor de la Unión de Trabajadores Agrícolas con un amplio margen de 53 por ciento, sobre el 30 por ciento de los Teamsters.

Después de muchos meses más de negociaciones, los Teamsters y la Unión de Trabajadores Agrícolas finalmente llegaron a un acuerdo. En marzo de 1977 Chávez y Frank Fitzsimmons, presidente de los Teamsters, se reunieron en San Francisco para firmar un contrato. Bajo los términos del acuerdo, la Unión de Trabajadores Agrícolas representaría a todos los trabajadores cuyos empleadores eran del giro agrícola, aún

Después de una década de amargas disputas, el presidente de los Teamsters, Frank Fitzsimmons (izquierda), llegó a un acuerdo con la Unión de Trabajadores Agrícolas. El acuerdo entre los dos sindicatos rivales, firmado el 10 de marzo de 1977, le dió a la Unión de Trabajadores Agrícolas el derecho exclusivo de organizar a los trabajadores agrícolas.

si éstos conducían camiones. Como resultado, la Unión de Trabajadores Agrícolas esperaba que el número de sus miembros aumentaría de 25,000 a unos 40,000. Los Teamsters, por su parte, tendrían mano libre para organizar a trabajadores en industrias relacionadas, como las envasadoras y procesadoras.

Aunque algunos críticos se quejaban de que Chávez no estaba dispuesto a compartir el poder, nadie negó su efectividad como dirigente. A fines de los sesenta un trabajador agrícola con suerte ganaba $2.00 la hora. Para 1980 el jornal mínimo en los contratos con la Unión de Trabajadores Agrícolas era de $5.00, más beneficios. Para 1984 los 25,000 trabajadores amparados por la Unión de Trabajadores Agrícolas estaban ganando un mínimo de $7.00 la hora, mientras que el mínimo de otros trabajadores agrícolas era de $5.30.

Era inevitable que ese rápido progreso económico tendría consecuencias. El acuerdo a cinco años entre los Teamsters y la Unión de Trabajadores Agrícolas caducó en 1983 y los Teamsters rehusaron renovarlo. Aunque en principio no tomaron medidas de ninguna clase, los Teamsters se reservaron el derecho de renovar las rivalidades con la Unión de Trabajadores Agrícolas en el futuro. En el plano político Jerry Brown había sido reemplazado como gobernador de California por George Deukmejian, un republicano conservador. Los nombramientos de Deukmejian al Consejo de Relaciones Laborales Agrícolas desilusionaron a la Unión de Trabajadores Agrícolas, que alegó la junta se inclinaba demasiado a favor de los agricultores. Para 1987, el sindicato estaba tan disgustado que le pidió al poder legislativo que le cortara los fondos a la junta. El poder legislativo respondió reduciendo la asignación en un 25 por ciento.

Al mismo tiempo la preocupación del sindicato por el uso continuo de pesticidas en los campos de cultivo seguía en aumento. El problema adquirió urgencia cuando un estudio llevado a cabo en McFarland, California, en el corazón del valle de San Joaquín, indicó que los trabajadores agrícolas tenían proporcionalmente más cáncer que el promedio. En diciembre de 1987, Chávez apareció en una conferencia de prensa con Ralph Nader, defensor del consumidor por muchos años. Con el apoyo de Nader, Chávez pidió un boicot nacional de todas las uvas rociadas con los cinco pesticidas que habían sido declarados como posiblemente peligrosos a la salud por la Agencia Protectora del Medio Ambiente de los Estados Unidos: Dinoseb, captan, methyl bromide, parathion y phosdrin. Usando técnicas modernas, el sindicato organizó el boicot compilando listas de posibles simpatizadores en la computadora y después enviándoles miles de cartas solicitando apoyo.

La información se trasmitía con más rapidez que cuando se inició el sindicato, pero los cambios sociales no habían avanzado al mismo paso. Sintiendo que no se estaba progresando lo suficiente en asuntos de importancia vital para los trabajadores agrícolas, Chávez comenzó su tercer ayuno mayor el 17 de julio de 1988. Esta vez los medios publicitarios nacionales

Durante la década del ochenta, la Unión de Trabajadores Agrícolas se preocupó cada vez más por los pesticidas peligrosos que se estaban usando en los campos de uvas. Aquí Chávez y Dolores Huerta expresan sus puntos de vista en una conferencia de prensa en Fresno, California, en 1986.

le prestaron poca atención, pero las estaciones de radio en español de la región daban boletines diarios sobre la salud de Chávez. Había cumplido los 61 años y los médicos estaban más preocupados que nunca de si podría aguantar los rigores de un ayuno. Hubo un momento en que el nivel de ácido úrico en la sangre de Chávez subió a tres veces de lo normal. Pero a pesar del peligro a su salud, persistió.

Veinte años habían pasado desde su primer ayuno, que ayudó a Chávez convertirse en figura nacional. Los hijos de Robert Kennedy no lo olvidaron. El día 36 y último de su ayuno, Kerry Kennedy, Douglas Kennedy, y Kathleen Kennedy Townsend vinieron a Delano con su mamá para celebrar una misa y expresar su apoyo a Chávez. Varios millares de trabajadores agrícolas vinieron a Forty Acres y se reunieron bajo una inmensa carpa para protegerlos del ardiente sol de julio. Vieron a Chávez, de pelo gris y muy debilitado, siendo ayudado a su silla por sus hijos Paul y Anthony. Tenía a su lado a su mamá, Juana Chávez, de 96 años. En la plataforma detrás de Chávez, junto a los Kennedy, el resto de la familia Chávez, y un grupo de celebridades, que incluían a los actores Martin Sheen, Lou Diamond Phillips, y Edward James Olmos; también estaba Fred Ross. Ross seguía siendo el fiel amigo y consejero desde su primer encuentro con Chávez en el barrio Sal Si Puedes, 26 años atrás.

Durante la misa, Ethel Kennedy, la viuda de Robert Kennedy, partió un pequeño pedazo de la semita y se la dió a Chávez, como lo había hecho su esposo en 1968. El reverendo Jesse Jackson, candidato a la nominación para la presidencia por los demócratas en 1988, se adelantó para recibir de Chávez una pequeña cruz de madera. Jackson aceptó la cruz como símbolo de su propio ayuno de tres días por la causa de los trabajadores agrícolas. Declaró "¡Tomaré mi lugar y haré un relevo. Otros seguirán los relevos hasta que la justicia llegue a los trabajadores!"

En julio de 1988, Chávez empezó un ayuno de 36 días para llamar la atención a las condiciones bajo las cuales seguían viviendo los obreros agrícolas en los Estados Unidos. Al finalizarse el ayuno el 21 de agosto, el reverendo Jesse Jackson, en presencia de Helen Chávez y Ethel Kennedy, aceptó una cruz de madera de Chávez, y juró continuar la lucha.

En 1993, la magnitud de esa lucha tuvo su efecto final en Chávez. El 23 de abril, estando en San Luis, Arizona por asuntos del sindicato, César Chávez murió mientras dormia. Tenía 66 años.

Unico entre las figuras electrificantes que inflamaron la imaginación social de los estadounidenses durante los sesenta— Martin Luther King, Jr., John F. y Robert Kennedy, Malcolm X—César Chávez vivía para luchar con las fuerzas que él mismo había puesto en movimiento. Pensándolo bien, Chávez logró tanto en el campo de los derechos civiles como en el de las relaciones laborales. Luchando no sólo por jornales justos y condiciones de trabajo decentes, elevó en alto la básica dignidad humana del mexicanoamericano. Su insistencia en la no–violencia, tolerancia y valores espirituales, hizo mucho por humanizar al movimiento obrero, muchas veces criticado de estar demasiado interesado en el dinero y en el poder.

El 29 de abril, 25,000 hombres y mujeres—algunos de los cuales habian viajado de la Florida y de Canada—se reunieron en Delano, California para despedirse. Encerrado en un rustico ataúd de pino fabricado por su hermano, Chávez fue enterrado en Forty Acres. Entre las personas que guardaban luto destacaban figuras politicas, pero el verdadero espiritu del acontecimiento derivaba de los trabajadores sencillos que habian seguido la bandera de Chávez. Aunque habian perdido al hombre que más admiraban, no estaban tristes. Al contrario, canciones, cantos sindicales, el ritmo de los tambores, el sonido de las guitarras acompañaban el largo desfile hacia el lugar de la sepultura. Claramente, el espirtu que Chávez habia inculcado en sus secuaces seguia vivo.

Jesse de la Cruz, una trabajadora agricola de 73 años de edad, que habia estado con Chávez desde el principio, resumió los sentimientos de la multitud: "Siempre tenia una sonrisa," recordaba. "Lo puedo visualizar ahora mismo, sonriendo y abrazándome. Es duro aceptarlo, pero siempre estará con nosotros—siempre estará con nosotros."

En medío de la huelga de la uva en Delano, Chávez le dijo a Peter Matthiessen: " 'Hay más tiempo que vida'—ese es uno de nuestros dichos. No nos preocupamos del tiempo, porque el tiempo y la historia están de nuestra parte." Al dedicar su propia vida a cambiar el curso de la historia, César Chávez hizo una contribución única a la sociedad estadounidense.

CRONOLOGÍA

1927 César Chávez Estrada nace en una finca cerca de Yuma, Arizona, el 31 de marzo

1937–44 Los padres de Chávez lo pierden todo en la Depresión; Chávez recorre California con su familia, ahora como trabajadores agrícolas migratorios

1944–46 Sirve en la Marina de los Estados Unidos durante la segunda guerra mundial

1948 Se casa con Helen Fabela

1952 Conoce a Fred Ross y empieza a trabajar para la Organización de Servicios a la Comunidad

1959–62 Organiza a los trabajadores agrícolas por todo el valle de San Joaquín de California en el Asociación Nacional de Trabajadores Agrícolas; la Asociación Nacional de Trabajadores Agrícolas celebra su primera convención en Fresno, California, en el otoño de 1962

1965 La Asociación Nacional de Trabajadores Agrícolas vota declararse en huelga contra los agricultores de la uva en California; pide el boicot de Schenley Industries, uno de los mayores productores de la uva

1966 El senador Robert F. Kennedy encabeza una investigación de la huelga de Delano; Chávez y 66 miembros de la Asociación Nacional de

Trabajadores Agrícolas marchan 250 millas de Delano a Sacramento, para atraer la atención de la situación de los trabajadores agrícolas; la Asociación Nacional de Trabajadores Agrícolas termina el boicot de Schenley al llegarse a un acuerdo, el primer contrato en la historia para los trabajadores agrícolas en los Estados Unidos y convertise en la Comité Organizador de los Trabajadores Agrícolas Unidos

1968	Chávez comienza su ayuno para destacar la no-violencia en la prolongada huelga contra los agricultores de la uva; termina el ayuno después de 25 días y se celebra misa con el senador Kennedy
1969–70	Los agricultores de la uva negocian y llegan a un acuerdo con el sindicato; la huelga termina oficialmente el 29 de julio de 1970; Chávez y la Comité Organizador de los Trabajadores Agrícolas Unidos se enfrentan a los Teamsters; Chávez va a la cárcel porque rehusa cancelar la orden de boicot contra uno de los principales agricultores de lechuga
1972	Chávez pasa 24 días de ayuno para protestar leyes contrarias a los sindicatos promulgadas en Arizona; la Comité Organizador de los Trabajadores Agrícolas Unidos recibe una carta constitucional del AFL-CIO y cambia su nombre a Unión de Trabajadores Agrícolas
1975	Edmund G. "Jerry" Brown, gobernador de California, firma el Agricultural Labor Relations Act, primera ley de los derechos de los trabajadores agrícolas promulgada en los Estados Unidos

1987   Chávez y Ralph Nader, defensor del
            consumidor, piden el boicot de todas las uvas
            rociadas con insecticidas considerados
            posiblemente dañinos por la Agencia Protectora
            del Medio Ambiente de los Estados Unidos

1988   Chávez ayuna por 36 días para apoyar el boicot
            de la uva; se compromete a continuar la lucha
            hasta que los trabajadores hayan alcanzado
            justicia y las uvas se puedan comer sin peligro

1993   Muere en San Luis, Arizona, el 23 de avril

LECTURA ADICIONAL

Aros, Olga. "El legado de dignidad y justicia que nos ha dejado César Chávez." *La opinión,* julio 16, 1993.

Castaño, Javier. "Piden boicot contra las uvas." *El diario/La prensa,* noviembre 17, 1992.

Goodwin, David. *César Chávez: la esperanza para el pueblo.* Traducción por María Teresa Gonzales, Marie Bisby y Marie Cabrol. Nueva York: Fawcett Columbine, 1991.

Maciel, David R., cumplidor. *La otra cara de México: el pueblo chicano.* México 1, D. F.: Ediciones El Caballito, 1977.

Melster, Dick. "Chávez vencio obstáculos con valor, paciencia." *El sol del valle,* mayo 12, 1993.

Olivarez, Jaime. "César Chávez encabeza una multitudinaria marcha en Salinas." *La opinión,* julio 17, 1992.

Tayor, Ronald B. *Chávez; la interminable batalla por la dignidad.* Traducción por el Departamento de Lenguas Extranjeras de Edamex. México, D. F.: EDMEX, 1979.

"Trabajadores agrícolas pierden a su líder mas representativo." *El pregonero,* mayo 6, 1993.

ÍNDICE

CONSUELO RODRÍGUEZ es una escritora independiente, abogada y activista sindical en Tejas. Hija de trabajadores migratorios agrícolas, ha escrito numerosos artículos sobre el movimiento obrero en los Estados Unidos y sobre la vida de los mexicano-americanos.

RODOLFO CARDONA es Profesor de Español y Literatura Comparada de la Universidad de Boston. Investigador de renombre, ha escrito muchas obras de crítica, incluyendo *Ramón, a Study of Gómez de la Serna and His Works* (Ramón, un estudio de Gómez de la Serna y su obra) y *Visión del esperpento: Teoría y práctica del esperpento en Valle-Inclán*. Nació en San José, Costa Rica, hizo su licenciatura y maestría en la Universidad del Estado de Louisiana y recibió un Doctorado en Filosofía y Letras en la Universidad de Washington. Ha enseñado en la Universidad de Case Western Reserve, la Universidad de Pittsburgh, la Universidad de Texas en Austin, la Universidad de New Mexico y la Universidad de Harvard.

JAMES COCKCROFT es actualmente Profesor Visitante de Estudios Latinoamericanos y del Caribe de la Universidad de Nueva York en Albany. Tres veces ganador de la beca Fullbright, recibió su doctorado de la Universidad de Stanford y ha enseñado en la Universidad de Massachusetts, la Universidad de Vermont, y la Universidad de Connecticut. Es autor o co-autor de numerosos libros sobre asuntos latinoamericanos, incluyendo *Neighbor in Turmoil: Latin America* (Vecinos en confusión: La América Latina), *The Hispanic Experience in the United States: Contemporary Issues and Perspectives* (La experiencia hispana en los Estados Unidos: Problemas y perspectivas del momento), y *Outlaws in the Promised Land: Mexican Immigrant Workers and America's Future* (Foragidos en la tierra prometida: Obreros inmigrantes mexicanos y el futuro de América).

CRÉDITOS DE FOTOGRAFÍA